JN061235

東南アジア外交

――ポスト冷戦期の軌跡――

加納 雄大

信山社

はじめに

我々の日々の生活において，街並みや人間関係など，毎年の変化はそれほどでもないのに，ふと気がつくといつの間にか大きく変わっていることがある。外交の世界でも，地域情勢や国家間の関係について同じことが言える。

筆者にとって東南アジアはそのような存在である。

筆者が東南アジアと初めて接点を持ったのは，1995年の7月，外務省でインドシナ半島の東南アジア5カ国（ベトナム，ラオス，カンボジア，タイ，ミャンマー）を担当する南東アジア第一課に配属になった時にさかのぼる。ちょうどアメリカとベトナムが国交正常化を発表し，ベトナムがASEAN加盟を果たした頃である。

初めてハノイの空港に降り立った瞬間の熱い湿気を帯びた空気が肌に触れた感触，空港からハノイの街中まで真っ暗な道を車でひた走ったこと，翌朝の信号機が全くない街中の交差点で，渋谷のスクランブル交差点で歩行者がすれ違うように，車とバイクと自転車が渾然一体となって阿吽の呼吸ですれ違うのにハラハラしたことなどを覚えている。出張では東南アジア各国をしばしば訪れ，アンコールワットやパガン仏教遺跡などの文化遺産，水量豊かなメコン河やイラワジ河の雄大な自然，フォーやパッタイ，ラオスの赤米などの多彩な食を堪能した。また，ヤンゴン日本人墓地にある日本人将兵の慰霊碑を訪れた時に昔読んだ竹山道雄の「ビルマの竪琴」を思い出したり，ホーチミン近郊のベトコンが掘ったクチ・トンネルに潜った後，マクナマラ米元国防長官のベトナム戦争回顧録を紐解いてみたりして，東南アジアの辿った歴史に想いを馳せたこともあった。

以来25年，政府開発援助（ODA）や環境・気候変動，安全保障など，外交の様々な分野に関わりながら断続的に東南アジアとの縁は続いた。1990年代後半から2010年代にかけて東南アジアを何度となく訪れ，結果的にこの地域の定点観測をする機会に恵まれた。最近の接点は，2017年から約2年間の在フィリピン日本国大使館での勤務である。各国の首都の空港は，かつての熱帯の日差しを浴びながらタラップを降りるスタイルから，ボーディングブリッジから空調の効いた新しいターミナルビルにそのまま移動する形に変わり，街中の通りは自転車やバイクの群れから自動車の流れに取ってかわった。かつて日本の存在感は圧倒的であり，街中を歩けば日本の電化製品を目にし，片言の日本語で話しかけられるのが当然だったのが，今や中国製品と中国語にとって替わられている。

本書は，ポスト冷戦期，すなわち1990年代初頭から現在までの近過去における東南アジア外交の軌跡を様々な切り口からとらえようとするものである。

第一章では，東南アジアにおける国際協力枠組みの進展と，福田ドクトリン以来の日本の関与を取り上げる。

1967年に当初5カ国（インドネシア，マレーシア，フィリピン，シンガポール，タイ）で発足した東南アジア諸国連合（ASEAN）は，冷戦終結後の1990年代までに加盟国を10カ国に拡大し，また域外国を巻き込んでASEAN地域フォーラム（ARF）やASEAN＋日中韓，東アジア首脳会議（EAS）などASEANを中心とする国際協力枠組みを作り上げてきた。「ASEANの一体性（unity）と中心性（centrality）」は東南アジア各国の外交関係者が好んで使う標語であり，その外交スタイルにも独特のものがある。

日本は，域外国の中で最も早くから東南アジア各国，そしてASEANとの関係構築に積極的に取り組んできた。ASEAN発足10周年の節目となる1977年に，「心と心のふれあう関係」をキャッチ・フレーズとして表明された「福田ドクトリン」はその先駆けである。冷戦終結を受けた東南アジア地域全体の平和と繁栄の構築に向けた機運の高まりの中で，ASEANの拡大と歩調を合わせた日本の外交方針として「橋本ドクトリン」が表明された。一方，世紀の変わり目を境に特に顕著になってきた国際社会のパワーバランスの変化は，日本と東南アジアを取り巻く安全保障環境にも影響を及ぼしている。ポスト冷戦期を通じて自らの戦略的視野を拡げてきた日本は，現在，「自由で開かれたインド太平洋」に向けた様々な取り組みを行っている。

第二章では，戦後賠償から出発した日本の経済協力の歩みを扱う。

サンフランシスコ平和条約締結により独立を回復した日本が東南アジア各国との間でまず行なったのは，賠償・準賠償の形態による協力であった。これはその後の日本型ODAの原型となった。冷戦終結後は，新たにASEANに加盟したインドシナ3国（ベトナム，ラオス，カンボジア）及びミャンマーと先発ASEAN加盟国との間の経済格差の解消が大きな課題であった。インドシナ総合開発フォーラム構想から日・メコン協力に至る一連のイニシアティブにより，日本はこれを強力に支援した。また，1997年のアジア金融危機はインドネシアをはじめとする東南アジア各国に多大な経済的・政治的困難をもたらしたが，日本の経済支援は各国を下支えする上で決定的役割を果たした。

現在の日本と東南アジア諸国との経済協力関係は，伝統的な経済インフラ整備，人材育成に加え，法制度整備支援，環境，保健，防災，人の移動と多岐にわたっている。

第三章では，東南アジアが直面する最大の安全保障課題である南シナ海問題と，日本と東南アジア各国との安全保障協力について触れる。

南シナ海では，中国による自らが事実上支配する地形の軍事基地化の動きが2010年代に入ってエスカレートしており，東南アジア沿岸国との間での緊張をもたらしている。その最前線に立つ国の一つがフィリピンであるが，歴代政権のスタンスは米国と中国の間で揺れ動いてきた。アキノ政権が提起した国際仲裁裁判の最終判断においてフィリピンの主張がほぼ全面的に認められたにもかかわらず，対中関係を考慮するドゥテルテ政権により同判断が脇に置かれているのは象徴的である。

ポスト冷戦期を通じて，日本と東南アジア諸国との安全保障協力は徐々に進んできたが，特に2010年代における進展は著しいものがあった。その全体像は，2014年のシャングリラ対話における安倍総理大臣の政策演説に示されている。これまでに各国の沿岸警備隊に対する能力構築支援や，新たな防衛装備移転三原則に基づく防衛装備・技術移転の協力，海賊対処協力，ARF や日・ASEAN 協力などマルチの場を通じた協力が行なわれてきている。

第四章は，東南アジアにおいて日本が外交努力を傾注してきた平和構築の事例であるカンボジア和平とミンダナオ和平を取り上げる。

第二次世界大戦後も長年にわたり，東南アジアは戦争・紛争と隣り合わせであったが，冷戦終結は大きな転機となった。和平の機運が訪れた最初のケースがカンボジアである。カンボジア和平プロセスへの関与・貢献は，日本外交にとっても大きな節目となった。国際平和協力法（PKO 法）に基づく自衛隊派遣はその後の世界の他地域での活動の先駆けとなっている。

フィリピン・ミンダナオ島西部における中央政府とイスラム教徒勢力との紛争は長い歴史的経緯のある問題である。当事者間の粘り強い交渉を経た和平合意に基づき，大幅な自治権付与を認めるバンサモロ基本法が成立し，2019 年にバンサモロ暫定自治政府が発足した。現在は，2022 年の議会選挙を経た正式な自治政府発足までの移行期間という重要な局面にある。日本はミンダナオ和平プロセスを長年支援してきたが，今般の和平プロセスの新たな局面を受けて，支援の態様も進化させているところである。

最後に第五章では，ポスト冷戦期の約 30 年間，ASEAN を中心とした国際協力枠組みの構築や，経済協力，安全保障，平和構築など様々な分野で関係を深めてきた日本と東南アジアの今後について若干の考察を試みる。

本書執筆に際しては，自らの記憶をベースに，政府公開資料や末尾に掲げた関連文献を参照しながら筆を進めた。様々な立場の方々による東南アジアに関する先行文献は，これまで筆者が知らずにいた日本と東南アジアとのつながりに目を見開かせてくれ，大変刺激的であった。できるだけ東南アジア全体を見渡した記述を心がけたが，直近のマニラ在勤時の記憶が鮮明なこともあり，結果的にフィリピン関連の記述が多くなった面は否めない。もとより，ポスト冷戦期における東南アジア外交に関わる事象を満遍なく記述することは筆者の能力を超えるものである。自身が提供できる付加価値の観点からも，筆者が何らかの形で関与した特定時点の特定国における特定分野の出来事を軸にしながら，関連する論点について敷衍するアプローチをとったことをご理解願いたい。

本書では日本の対東南アジア外交を中心に据えつつも，東南アジア諸国自身の外交や，米国や中国など域外国の対東南アジア外交も念頭においた。外交が，各国の二国間ないし多国間の様々な相互作用を伴う営みである以上，日本の対東南アジア外交を他と切り離してとらえることはできない。本書の題名の「東南アジア外交」とは「日本を含む各国による，東南アジアを巡る外交全般」を指すものである。

「愚者は経験に学び，賢者は歴史に学ぶ。」という。東南アジアと接して以来，四半世紀余が経ち，自らの経験の一部が既に歴史の領域に入りつつあると感じる現在，それを可能な範囲で素材として提供するのは外交実務に携わる者の責務と考えた。もっとも本書の記述内容については，事実関係及び見解の部分を含め，筆者個人の責任に帰するものであり，日本政府及び外務省とは無関係であることを明確にしておきたい。

加納雄大

目　次

東南アジア外交

——ポスト冷戦期の軌跡——

第1章
東南アジアをめぐる地域協力
――福田ドクトリンから自由で開かれたインド太平洋まで――

1977年8月の福田赳夫総理のマニラでのスピーチ（出典：内閣広報室）

2018年10月1日，旧市街に程近いマニラ随一の歴史を誇るマニラ・ホテルにおいて，在フィリピン日本国大使館の主催により，一つのイベントが行われた。

さかのぼること約40年前，1977年に福田赳夫総理大臣がこのホテルで後に「福田ドクトリン」と呼ばれることになる歴史的スピーチを行ったことを記念したものである。日本からは福田康夫元総理，フィリピン政府からはメディアルディア官房長官が出席して，記念プレートの除幕式が行われたほか，日本，フィリピン，ASEANの有識者を交えたシンポジウムが行われ，日本と東南アジア諸国との関係の過去，現在，未来について活発な議論が交わされた。

戦後，冷戦期からポスト冷戦期を通じて，アジアには様々な地域協力の枠組みが作られてきた。

その核と言えるのが東南アジア諸国連合（ASEAN: Association of Southeast Asian Nations）である。1967年に5カ国で発足したASEANは冷戦終了後の1990年代後半に加盟国が10カ国に拡大

福田ドクトリン記念プレート除幕式・シンポジウム

出典：在フィリピン日本国大使館

した。1990 年代には，この拡大した ASEAN を取り巻く形で，域外国を含む様々な地域協力の枠組みが作られてきている。

戦後，この東南アジア諸国との関係構築に日本は最も積極的に関わってきた。

1　日本と東南アジア

（日本と東南アジアの出会い）

日本と東南アジアの接点が劇的に高まったのは，第二次世界大戦時に遡る。

それ以前も，17 世紀における東南アジア各地の日本人町，フィリピンの高山右近，タイの山田長政のような，日本人の足跡はあったが，日本の鎖国により一旦途絶える。明治の近代になり，日本が再び国際社会に国を開いた時には，東南アジアの多くは独立を維持したタイを除いてイギリス，フランス，オランダ，アメリカ，ポルトガルの植民地になっていた。この時代における日本と東南アジアの接点としては，フィリピン独立運動の際の民間レベルの支援の動き（布引丸事件）や，日露戦争での日本の勝利に触発されたベトナムのファン・ボイ・チャウによる東遊運動，1930 年代における東南アジアの独立運動家の日本留学など個別の動きはあったものの，日本と東南アジアの公的な関係はあくまでも欧米の植民地当局を通じたものであった。

劇的に変わったのは，膠着する日中戦争の局面を打開するため，

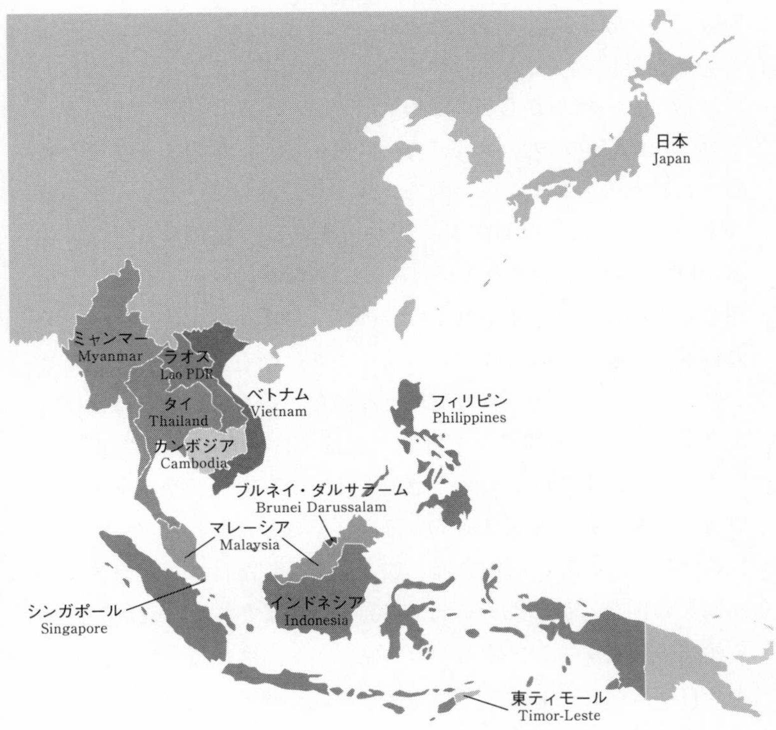

「南進論」をとった日本が1940年から1941年にかけてフランス領インドシナ（仏印）の北部，ついで南部に進駐し，太平洋戦争（大東亜戦争）の引き金を引くことになってからである。戦争勃発後，南方戦線の作戦を指導する南方総軍司令部はサイゴン（現ホーチミン）に置かれ，フィリピン，ジャワ，マレー，ビルマ各

方面に日本軍が侵攻していった。日本軍の破竹の進撃と軍政実施から，連合軍の反攻を受けた退却，消耗戦，そして敗戦に至るまで僅か５年足らずである。いわゆる「大東亜共栄圏」と呼ばれた地域の中で，戦前から日本の統治下にあった他地域（朝鮮半島，台湾，中国大陸の一部，南洋諸島）に比べても，東南アジアほど戦時中に日本のプレゼンスが劇的に高まり，そして消滅した地域はなかった。また，東南アジア側からすれば，現在のASEAN加盟10か国及び東ティモールの領域にあたる地域が，それまで植民地宗主国により分割されていたのが，日本軍の侵攻，軍政，それに対する連合軍の反攻という形により，歴史上初めて「東南アジア」としてとらえられる契機となった。一方，戦争の惨禍は甚大であった。フィリピンを例にとれば，日本人の戦没者は約50万人で，日中戦争時を含めた中国大陸での日本人戦没者を上回る。フィリピン人の戦没者は約110万人に上ると言われる。

終戦後，連合軍の占領を経て独立を回復した日本が東南アジア諸国との国交を回復したのは1950年代半ばである。戦後賠償から始まった東南アジア諸国との関係だが，高度成長と輸出拡大により日本のプレゼンスが再び高まったことは戦時中の記憶とあいまって日本に対する警戒心を呼び起こすこととなり，1974年の田中角栄総理大臣の東南アジア歴訪時には各地で反日暴動にさらされることとなった。このような中で，日本と東南アジア諸国がいかなる関係を紡いでいくべきか。それを包括的な形で示したのが，福田ドクトリンであった。

（福田ドクトリン）

福田ドクトリン演説は，1977年8月の福田赳夫総理大臣の東南アジア諸国歴訪の締め括りとして行われた。インドネシア，シンガポール，マレーシア，フィリピン，タイの5カ国により東南アジア諸国連合（ASEAN）が創設されて10年の節目の年であった（のち，1984年に独立したブルネイが加盟）。

福田ドクトリンでは，「心と心のふれあう関係」（“heart to heart relationship”）のキャッチフレーズがよく知られるが，内容はより包括的，具体的な政策指針を含むものである。

福田総理演説はまず，歴訪の印象として，東南アジア地域の人種，言語，宗教，文化のみならず歴史的背景，経済構造における「多様性」に言及した上で，域内協力の可能性について懐疑的な見方があるとしながらも，ASEANの役割に以下のように高い評価，期待を示し，日本が「良き協力者」たらんことを明言している。

「このたび，創立十周年を迎えた東南アジア諸国連合（ASEAN）は，この地域の自主的な地域協力機構として，着実に，その地歩を固めつつあります。」

「ASEANは，まさに，その加盟各国の豊かな多様性を肯定し，その誇り高いナショナリズムを尊重しつつ連帯の強化を通じて，この地域の一体性を求めようとする歴史的な，そして成功しつつある試みであります。」

「私は，ここで，ASEAN諸国の指導者と国民の皆様に一つのお約束を致します。それは，日本の政府と国民はASEANの連帯と強靭性強化への努力に対し決して懐疑的な傍観者とはならず，ASEANとともに歩む「良き協力者」であり続けるであろうということであります。」

続いて，我が国が戦後，経済大国になりながら軍事大国にならない道を選択し，地域の平和と繁栄に貢献するとの決意をかなりの紙幅をとり，踏み込んだ表現を使って触れている。

「過去の歴史をみれば，経済的な大国は，常に同時に軍事的な大国でもありました。しかし，我が国は，諸国民の公正と信義に信頼してその安全と生存を保持しようという歴史上かつて例をみない理想を掲げ，軍事大国への道は選ばないことを決意いたしました。そして，核兵器をつくる経済的，技術的能力を持ちながらも，かかる兵器を持つことをあえて拒否しているのであります。」

「これは，史上類例を見ない実験への挑戦であります。同時に人口稠密で資源に乏しく，海外諸国との交流と協調を必要とする我が国にとつてはこれ以外の選択はありえないのであります。私は，このような日本の選択こそはアジアの地域，ひいては世界全体の基本的な利益にも資するものであると信じます。我が国が，近隣のいずれの国に対しても軍事的にはもちろんのこと，その他いかなる形であれ，他国を脅かすような存在ではなく，その持てる力を専ら国の内外における平和的な建設と繁栄のために向けようと志す国柄であること――われわれは，このような日本の在り方こそが世界における安定勢力として世界の平和，安定及び発展に貢献しうる道であると確信いたします。」

戦後30年経ったとは言え，まだ反日感情が残る中，とりわけ多くの犠牲者を出したフィリピンという場所柄を考えれば，理解できるメッセージである。一方，今日の文脈でその表現をみると，あたかも南シナ海における中国の行動を暗にたしなめているかのようにとれなくもない。

その上で福田演説は，有名な「心と心のふれ合い」の必要性を説き，具体的な交流，協力，すなわち文化，科学，芸術，スポーツ面での交流や，政府開発援助を活用した経済協力につなげている。

「日本と東南アジア諸国との関係は，単に，物質的な相互利益に基づくものにとどまってはなりません。同じアジアの一員としてお互いに助けあい，補いあうことを心から望む気持があってはじめて物質的，経済的な関係も生きて来るものと考えます。これこそ，日本と東南アジアの人々が，頭だけではなく，心をもつて理解し合うことの必要性，すなわち，「心と心のふれ合い」の必要を，私が，今回の歴訪を通じ，繰返し訴えて来た所以であります。同じアジア人である皆様には，私の意味するところはよくお判りいただけることと信じます。物質的充足のみではあきたらず，精神的な豊かさを求めるのは，アジアの伝統であり，アジア人の心だからであります。」

最後に，1975年のベトナム戦争終結を念頭に，反共の橋頭堡たるASEANとインドシナの共産圏諸国が互恵関係を結ぶことへの期待と日本の協力姿勢に触れている。

「最後に，ASEAN地域の安定と繁栄は東南アジア全体の平和の中においてはじめて確保されるものであることは申すまでもありません。東南アジアの一角に多年に亘って燃え続けた戦火がようやく終息した今日，われわれは，東南アジア全域の恒久的な平和と安定のための努力を強化する好機を迎えております。このような観点から，私は，先般のASEAN首脳会議の共同声明において，ASEAN諸国が，インドシナ諸国と平和で互恵的な関係を発展させたいとの願望を表明し，「これら諸国との理解と協力の領域を互恵を基礎として拡大するための一層の努力をする」との方針を打ち出されたことに敬意を表するものであります。このような忍耐強い努力を通じて，相互理解と協力の輪がやがては，東南アジア全域に拡がつて行くことを期待いたしたいと考えます。わが国としても，同様の目的をもつてインドシナ諸国との間に相互理解の関係を定着させるため努力したいと考えます。」

もっとも当時は冷戦激化，共産圏内の中ソ対立が続く情勢であり，それは東南アジアにおいても影を落としていた。福田演説後もカンボジア内戦，ベトナムのカンボジア侵攻，中越紛争という形で混乱は続き，東南アジア全域の平和と繁栄の動きはさらに10年後の冷戦終結を待たなくてはならなかった。

以上を総括して，福田演説は，①軍事大国にならない，②心と心のふれ合う相互信頼関係を築く，③東南アジア全域での平和と繁栄の構築に寄与する，の三点が日本の東南アジアの基本姿勢であるとして締めくくっている。

「私は，今回のASEAN諸国およびビルマの政府首脳との実り多い会談において，以上のような東南アジアに対するわが国の姿勢を明らかにして参りました。このわが国の姿勢が，各国首脳の十分な理解と賛同をえたことは，今回の歴訪の大きな収穫でありました。その要点は，次のとおりであります。

第一に，わが国は，平和に徹し軍事大国にはならないことを決意しており，そのような立場から，東南アジアひいては世界の平和と繁栄に貢献する。

第二に，わが国は，東南アジアの国々との間に，政治，経済のみならず社会，文化等，広範な分野において，真の友人として心と心のふれ合う相互信頼関係を築きあげる。

第三に，わが国は，「対等な協力者」の立場に立って，ASEAN 及びその加盟国の連帯と強靱性強化の自主的努力に対し，志を同じくする他の域外諸国とともに積極的に協力し，また，インドシナ諸国との間には相互理解に基づく関係の醸成をはかり，もつて東南アジア全域にわたる平和と繁栄の構築に寄与する。

私は，今後以上の三項目を，東南アジアに対するわが国の政策の柱に据え，これを力強く実行してゆく所存であります。そして，東南アジア全域に相互理解と信頼に基づく新しい協力の枠組が定着するよう努め，この地域の諸国とともに平和と繁栄を頒ち合いながら，相携えて，世界人類の幸福に貢献して行きたいと念願するものであります。」

これが，今日，「福田ドクトリン」と言われるものである。

（福田ドクトリン後の東南アジア）

福田ドクトリン後の 1970 年代末から 1980 年代にかけての東南アジア諸国の辿った道は多様である。

島嶼部諸国では，いずれも ASEAN 原加盟国であるシンガポール（リー・クアンユー），マレーシア（マハティール），インドネシア（スハルト），フィリピン（マルコス）が強力な指導者による開発独裁の下，西側諸国と結びついて経済成長を遂げたが，フィリピンのピープル・パワー革命（1986年）のように，矛盾が顕在化して政権打倒につながったケースもあった。

一方，インドシナ半島部ではASEAN加盟国のタイを除く各国は内戦や国際紛争により大きく停滞した。ベトナム戦争終結後に南北統一を果たしたベトナムはカンボジア侵攻（1978年）により国際的孤立を招き，中国との紛争も勃発した（1979年）。カンボジアではロン・ノル政権を倒したポル・ポト政権がベトナムの侵攻により駆逐され，ソ連，ベトナムの支援を受けたヘン・サムリン政権と中国や西側諸国が支持する三派連合（シハヌーク派，ソン・サン派，クメール・ルージュ）の間の内戦が続いた。ミャンマー（ビルマ）は軍事独裁の下で一旦は民政移管のための総選挙を実施するも，その結果を反故にして，帰国したアウン・サン・スー・チー女史を自宅軟禁し，国際的孤立を深めた。

2　冷戦後の東南アジア：ASEANの拡大とASEAN関連会合の発展

1989年のベルリンの壁崩壊，米ソ首脳のマルタ会談に象徴される東西冷戦の終結は，その後数年間の東南アジアの国際政治力学にも大きな影響を与えた。

カンボジア和平の進展，ベトナムのドイモイ政策などの動きである。冷戦で分断されていたインドシナ半島における「戦場から市場へ」の変化をとらえ，1993 年の東南アジア諸国歴訪で宮澤喜一総理大臣はインドシナ総合開発フォーラム構想を提唱する。1994 年には地域の安全保障問題を扱う ASEAN 地域フォーラム（ARF）が発足した。アジア太平洋地域では，1989 年に閣僚会合レベルで発足した APEC が 1993 年のシアトル会合から首脳会議プロセスが取り入れられたことで新たなモメンタムが与えられ，1994 年には先進工業経済は 2010 年まで，開発途上経済は 2020 年までの域内の貿易自由化をうたったボゴール宣言，翌 1995 年には大阪行動計画が策定された。1996 年 3 月にはアジア諸国と欧州諸国の初のハイレベル会合となるアジア欧州会合（ASEM）第 1 回首脳会合が開催されている。

中国と東南アジアとの関係が大きく変化したのもこの時期である。1990 年に中国とインドネシアが国交を回復し，また 1991 年の ASEAN 外相会合では中国が ASEAN の完全対話国となることが合意され，この年の拡大外相会合の開会セッションに中国は初めて参加した。5 年後の 1996 年には完全対話国となった。

筆者がインドシナ半島の東南アジア 5 カ国（ベトナム，ラオス，カンボジア，タイ，ミャンマー）を担当する南東アジア第一課に配属された 1995 年 7 月から 1997 年初頭までの 1 年半は，このような動きの中にあった。特に配属直後にアメリカとベトナムが国交正常化を発表したことと，ミャンマーでアウン・サン・スー・チー女史の自宅軟禁が解除され変化の兆しが見られたことは印象的であった。

（橋本ドクトリン）

ポスト冷戦期において大きく変容を遂げつつある東南アジアでどのような外交を展開していくか。その具体像を示そうとしたのが「橋本ドクトリン」，すなわち橋本龍太郎総理大臣が1997年1月の東南アジア諸国（ブルネイ，インドネシア，マレーシア，ベトナム，シンガポール）を歴訪した際，1月14日にシンガポールで行った政策演説（「日・ASEAN新時代への改革――より深くより広いパートナーシップ」）である。筆者は随行員の一人として同行し，特にこの政策演説の作成作業に関わった。20年前に出された「福田ドクトリン」演説にも目を通しながら作業を進めたが，「橋本ドクトリン」演説の重要な柱をなす米国，中国関連の部分については，特に加藤良三アジア局長，槙田邦彦アジア局審議官の指導

1997年1月のシンガポールでの橋本総理大臣演説

出典：内閣広報室

を受けた。一年半の短期間ながら充実した南東アジア第一課での最後の業務であり，大変思い出深いスピーチである。偶然にも20代最後の誕生日であった演説前日の夜，最終稿の和文・英文をチェックし，翌日の演説を会場の片隅から見守ったことを覚えている。

橋本総理演説では，過去数年における冷戦後の東南アジアの変貌に触れつつ，日本と東南アジアの関係深化に向けて，三点（首脳間対話の緊密化，多角的な文化協力，世界全体の課題への共同の取り組み）を提唱している。地域協力の枠組みの観点から特に重要なのは，第一の首脳間対話の緊密化である。橋本総理演説はいう。

「第一は，首脳レベルをはじめとする，あらゆるレベルにおける不断の交流を拡大，深化させていくことであります。ASEANが国際社会においてコミュニティとしての一体性を増しつつある現在，日本とASEANとの間で様々なレベルの政策対話を一層強化していくことが是非とも必要ではないかと思っております。

日本とASEANの協力関係推進のためには何よりも政治的リーダーシップが必要です。よって，先ず，首脳レベルでの個人的信頼関係をこれまで以上に強化するために，首脳間の対話を一層充実させるべきであります。日・ASEANの首脳レベルでの対話をあらゆる可能な機会をとらえて，緊密かつ頻繁に行うこととしたいと考えております。今回私は，正にそのためにASEAN諸国を訪問したのでありますし，今後もASEAN各国首脳の来日を歓迎したいと思います。ASEANの公式・非公式首脳会議等の機会は大いに活用すべきです。今回のASEAN訪問の際に，私はこのことを各国首脳に提案し，このような基本的な考え方につき各国首脳にも賛同を頂きました。」

当時は，東南アジア諸国との定期対話としては閣僚レベルのASEAN拡大外相会合が主な枠組みであり，首脳レベルのものはなかった。

また，「ASEAN＋3（日中韓）」の枠組みは政治的ハードルが高かった。背景の一つには，マハティール首相が提唱していた東アジア経済会議（EAEC: East Asia Economic Caucus）が東南アジア諸国に加え日中韓を想定していたことから，「米国外し」ではないかとの警戒感が米に根強くあったことがある。当時は，（中国ではなく）日本が支配的地位を占めるとの懸念があったのである。したがって，ASEAN＋3の顔ぶれでの会合は，APEC大阪会議の機会をとらえた非公式な昼食会や，ASEMにおけるアジア側準備会合（当初の顔ぶれはASEAN加盟国と日中韓）という形で，自然体で行なうようにしていた。

現在のような形でASEAN＋3首脳会議が真正面から開かれるのは，橋本総理演説から約半年後の同年夏にアジア金融危機が発生したのを受け，10月のASEAN首脳会議に日中韓首脳が招待されてからである。以来，ASEAN＋3のフォーマットでの会合が始まった。突発的な事態が国際協力の枠組みに恒常的な影響を与えた過程は10年後の2008年のリーマン・ショックがG20首脳会議を生んだ過程と重なる。この枠組みの成果の一つが金融危機の際に相互に流動性を融通し合うチェンマイ・イニシアティブである。

（米国と中国）

東南アジア外交を考える上で欠かせないのが，米国と中国の存在である。これは当時も現在も変わらない。

橋本総理演説は，日本とASEANの関係についての政策演説であるものの，この地域における米国と中国について相当の紙幅を割いてこの地域のおける両国の役割について語っている。この演説の肝とも言える部分でもあり，以下全文を紹介することとしたい。

まず米国についてである。橋本演説は以下の通り触れている。

「日本とASEANが，新しい世紀の到来を視野におきつつ，前向きに共同の取り組みを強化していくにあたり，最も重要な前提条件はこの地域に平和と安定が揺るぎなく確保されることであります。

そして，そのための最重要の要素がアジアにおける米国のプレゼンスであると私は信じて疑いません。

冷戦が終わった今日においても，この地域には引き続き幾つかの不安定要因があります。これらが，国際紛争に発展しないようにするためには，類稀な国力を維持し，市場原理，民主主義，創造性の尊重といった原則に立つ米国のプレゼンスが必要不可欠であります。

日米安保体制はそうした米国のプレゼンスを確保していくための枢要な枠組みであり，だからこそ我が国としては，今後とも日米安保体制の信頼性を堅持していくことをこの際明確に述べておきたいと思います。そして，日米安保体制はこの地域の安定及び経済的繁栄の維持のための一種の公共財の役割を果たすものであり，如何なる意味においても特定の国に向けられたものではないことが，正しく理解されるように望んでおります。」

当時は，前年（1996 年）の日米安保共同宣言に集約されたように，冷戦終結後のアジアにおける米国のプレゼンス，日米同盟の再検討について大きな議論がなされていた時期である。冷戦後もアジアに残る不確実性への対処のため，一定水準の米軍のプレゼンスは不可欠との認識の下，沖縄を含む在日米軍基地に関する諸問題に取り組むとともに，新たな日米防衛協力のための指針（ガイドライン）を作成（1997 年）し，その実効性を確保するための法制度（周辺事態安全確保法）の整備を進めていた。（筆者自身，この演説から一年後の 1998 年初頭より，北米局日米安全保障条約課にて一連の作業に直接関わることになった。）

同時にこうした日米同盟の強化の取り組みが（特に中国を念頭に）特定の国に向けられたものではないことを繰り返し明らかにしていた。

続けて，橋本演説は中国についてこう述べている。

「また，もう一つの重要な要素として，中国との関係にも触れておかなければなりません。ASEAN 諸国のいずれをとりましても，中国との間においては，歴史的にも文化的にも，政治・経済的にも，深い関係，切っても切れない関係があります。我が国についても同様であります。中国は改革・開放政策によって，近代化への道を歩みはじめ，あらゆる分野でその存在感を増してきました。我々としては，こうした中国の改革・開放政策追求の流れを支援し，また，中国との間で幅広い対話と協議，そして交流を進めることによって中国が国際社会における建設的パートナーとしての地位を固めていくようにしていくことが重要であるといえます。日本の対中経済協力はこのような観点から行われているものであります。日本の対中円借款は中国の経済発展にとって必須な公共事業の推進に一定の役割を果たしており，医療面での協力をはじめとする無償資金協力は中国国民の生活・福祉の向上に役立つものであります。このような協力は，中国国民の日本に対する信頼感の醸成に寄与していると考えております。政治的に安定し，経済的に豊かな，そして信頼の絆で結ばれた，そういう中国の存在は，この地域の，ひいては世界の誰しもの利益に適う所以であると私は確信しております。」

東南アジア諸国の多くは，華僑系の存在，共産ゲリラ，南シナ海の領土紛争等により中国との間で複雑な関係を有している。その複雑さは日中関係と共通する面もあれば異なる面もある。そのような状況を踏まえた上で，橋本総理演説は，中国の改革開放政策を支持し，対中ODAの果たしてきた役割にも触れた上で，中国が国際社会における建設的パートナーとしての役割を果たしていくことへの期待感を述べた。なお，この時期，日本は1995年8月から，中国の核実験をめぐる姿勢を理由に対中無償資金協力を原則凍結するとの措置をとっていたが，その後，中国が1996年7月の核実験を最後にモラトリアムを表明し，同年9月に包括的核実験禁止条約（CTBT）に署名したことを踏まえ，1997年3月，無償資金協力を再開している。

米国，中国に触れた後，橋本演説は日本，米国，中国の三国の関係についてこう結んでいる。

「私は，日本，米国，中国の三国の動向はアジア太平洋全体に重要な影響を及ぼすものと認識しています。日米，日中，米中の関係がそれぞれ前進することはこの地域の平和と繁栄に寄与するものであり，これらの間に「ゼロ・サム」の関係はありません。この認識に立って，私は，かねてから米中関係の改善の重要性を指摘して参りましたし，両国の関係が最近改善の方向へ向かい始めたことを心から歓迎しております。」

なお，橋本総理演説から20年さかのぼる福田ドクトリン演説がなされた1977年は，米国との間では日米同盟の実効性強化の観点から日本に対する武力攻撃発生時における日米間の協力を定めた，最初の日米防衛協力のための指針（ガイドライン）が作成された年でもある。また，中国との間では翌1978年に日中平和友好条約が結ばれている。70年代と90年代とでは安全保障環境は異なるものの，その時々の国際環境を踏まえながら，アジアにおける米国の関与の確保と中国との安定的関係の維持に腐心してきたという意味で，日本の外交姿勢は一貫してきたし，それは今日まで続いていると言える。また，特に東南アジアとの関係では，日本が米国，中国との関係を如何にマネージしているかを示すことが外交的に極めて重要である。この点についても，現在も変わらない。

3　ASEANの制度化，日ASEAN関係の深化，東アジア首脳会議（EAS）の創設

21世紀に入り，ASEANの制度化が進んだ。ASEAN共同体構

築を宣言した2003年の「ASEAN第2協和宣言」の後，ASEAN創設40周年となる2007年には，民主主義，人権，法の支配，紛争の平和的解決，内政不干渉等のASEAN諸原則を再確認し，ASEAN共同体の構築に向けてASEANの機構の強化や意思決定過程の明確化を目的とする「ASEAN憲章」を採択し，2008年に発効した。2015年のASEAN首脳会議では，「政治・安全保障共同体」，「経済共同体」，「社会・文化共同体」から成る「ASEAN共同体」の構築を宣言し，更なるASEANの統合を深めるための「ASEAN共同体ビジョン2025」を採択した。

ASEANの制度化に歩調を合わせる形で，日本とASEANとの関係も，特に経済面を中心に深化が進んだ。2002年に日本にとって初めての経済連携協定（EPA）がシンガポールとの間で結ばれたが，その後2006年から2009年にかけて，マレーシア，タイ，インドネシア，ブルネイ，フィリピン，ベトナムとのEPAが順次締結され，2008年には日本とASEANとの間で包括的な連携協定が締結された。また，2010年にはジャカルタのASEAN事務局との間で折衝にあたる大使を任命，翌11年には日本常駐代表部を設置した。2013年には，安倍総理大臣が対ASEAN外交5原則を発表し，同年，日・ASEANビジョンステートメントを発出している。

ASEAN関連会議の新たな動きとしては，2005年に東アジア首脳会議（EAS）が発足した。既存のASEAN10カ国＋3（日中韓）の13カ国に豪州，NZ，インドを加えた16カ国の枠組みであるが，ASEAN＋3の枠組みも残された。当時，既存の枠組みであるASEAN＋の深化を重視する側（中国，マレーシア）と，より開かれた枠組みを重視する側（日本，インドネシア）との綱引きがあり，結局，ASEAN+3とEASの二つの枠組みが並存することとなった。このEASには2011年より米国，ロシアが参加することとなる。

ASEAN＋3とEASの並存の背景には，2000年代における日本と中国の力関係の変化がある。筆者は2001年から3年間，米国勤務を経験し日米経済関係に携わったが，米国ではEAEC構想が提唱された頃の日本脅威論は既に影を潜めており，むしろ不良債権問題からなかなか抜け出せない「弱い日本」に対する懸念の方が強かった。ASEAN＋3についても，日本が支配的地位を占めるのではとのかつての懸念よりは，日本のみで十分な中国のカウンターバランスになり得るのかとの懸念の方が強かった。実際，2000年代を通じて日中の経済規模の差は縮まり，2010年に遂に両国のGDPは逆転することになる。

現在，アジア太平洋地域における首脳レベルの会議として，ASEAN+3，EAS，APECが毎年行われるようになった（これとは別にG7，G20，ASEM（隔年）がある）。このうちASEAN+3とEASは毎年秋のASEAN首脳会議に合わせて開催されるため，開催地はASEAN議長国のローテーションで決まっているが，APECの議長国は参加国の立候補によって決められる。多くの参加国が重複するため，首脳の外国訪問が一度で済むよう，近年は近接するタイミングで開催されるようなるべく調整が図られるのが通例である。

参加国のみならず，討議される議題も重複するが，それぞれの会議体の出自により性格も異なる。APECが貿易・投資の自由化志向があるのに比し，ASEAN+3，EASは議長国が常にASEAN議長国ということもあり，いわゆる「ASEANの流儀」（“ASEAN way”）が濃厚な会議である。ただし，その中でも，前述のような経緯もあり，ASEAN+3とEASの間においては綱引きが常にある。外交の世界では形式が実体を左右する面があり，ゲームはどの土俵で行うかというところから始まっている。

筆者自身の2000年代における東南アジアとの接点は，2000年前後のインドネシア支援や他の東南アジア諸国へのODA，2004

ASEAN関連の協力枠組み

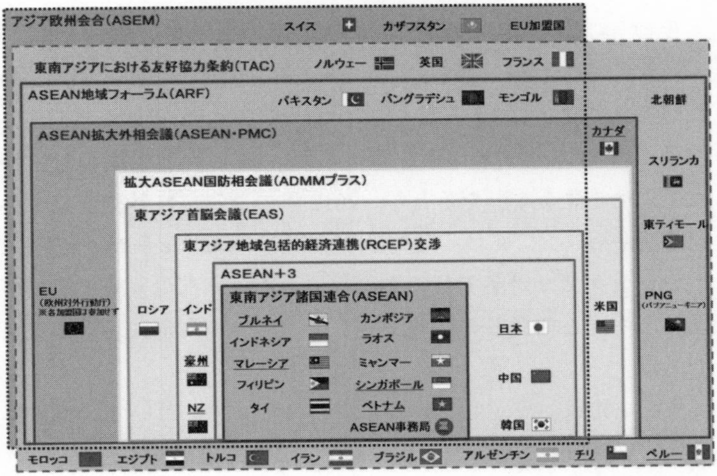

出典：外務省

年のハノイ ASEM 首脳会議，2008 年のタイ・バンコクでの国際保健関連の国際会議，2009 年のタイ・パタヤでの ASEAN 関連首脳会議等がある。また 2010 年代に入ってからは，本省での環境・気候変動，安全保障の担当課長として東南アジア各国を頻繁に訪問し，それぞれの分野での協力を進める機会を得たのに加え，2017 年 8 月から 2 年間のフィリピン勤務で東南アジアでの生活を体感することになった。1990 年代からの東南アジアの各国首都の発展のスピードに目を見張り，ASEAN 関連会議の運営と新規加盟国の代表の洗練ぶりも印象づけられた。日本と ASEAN との様々な分野での協力も年々厚みを増しているし，域外国との協力を積み重ねることで ASEAN が地域協力におけるハブ的役割を発揮しているのも事実である。

その一方で，安全保障環境の変化のためか，1990 年代の ASEAN 関連会議には残っていたある種ののどかさが，張り詰めた緊張感に取って代わられているのを感じた。象徴的な事例が，南シナ海のスカーボロ礁をめぐるフィリピンと中国の対立が ASEAN の結束に影を落とし，2012 年の ASEAN 外相会議で共同声明が不採択に終わったこと，ASEAN 地域フォーラム（ARF）やシャングリラ対話で目のあたりにした，一部の東南アジアの国々と中国との激しい応酬，そして ASEAN 内部における亀裂である。

また，比較的安定していると思われたタイにおいて，2000 年代半ば以降のタクシン派と反タクシン派の対立による内政の混乱がタイの ASEAN 議長国としての外交的役割にも影響を及ぼし，パタヤのASEAN関連首脳会議がデモ騒動で途中中止を余儀なくされたことは，東南アジアが依然として抱える社会・政治の脆弱性を再認識することとなった。

4　自由で開かれたインド太平洋と東南アジア

現在，日本は「自由で開かれたインド太平洋」に向けた取り組みを推進している。

国際社会の安定と繁栄の鍵を握る「2つの大陸」と「2つの大洋」，すなわち，成長著しいアジアと潜在力溢れるアフリカ，および自由で開かれた太平洋とインド洋の交わりにより生まれるダイナミズムを一体としてとらえ，インド太平洋を地域全体の平和と繁栄をもたらす「国際公共財」として発展させることを目指すものである。自由で開かれたインド太平洋の実現のため，日本は，

① 法の支配，航行の自由，自由貿易等の普及・定着
② 経済的繁栄の追求（連結性，EPA/FTAや投資協定を含む経済連携の強化），
③ 平和と安定の確保（海上法執行能力の構築，人道支援・災害救援等）

の3本柱を掲げ，各国と具体的協力案件を進めている。

この太平洋とインド洋をつないで一体としてとらえる発想は，第一次安倍内閣時の2007年8月のインド国会における安倍晋三総理大臣演説「二つの海洋の交わり（Confluence of the Two Seas）」

自由で開かれたインド太平洋

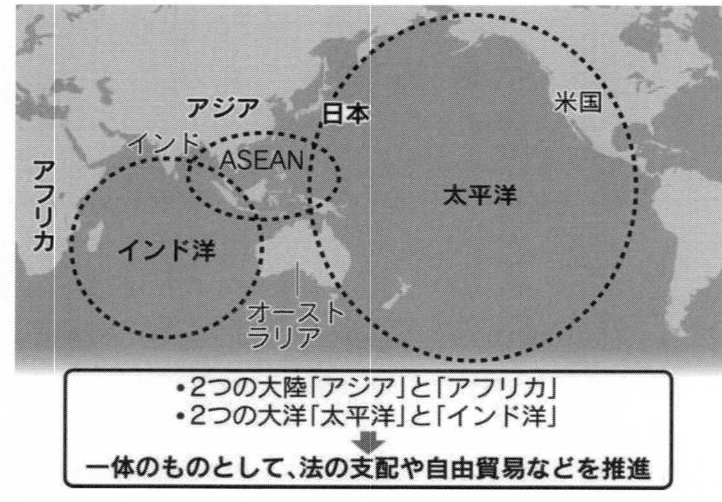

出典：日本経済新聞記事（2019 年 11 月 18 日）

が嚆矢とされる。同演説には以下のくだりがある。

「太平洋とインド洋は，今や自由の海，繁栄の海として，一つのダイナミックな結合をもたらしています。従来の地理的境界を突き破る「拡大アジア」が，明瞭な形を現しつつあります。これを広々と開き，どこまでも透明な海として豊かに育てていく力と，そして責任が，私たち両国にはあるのです。」

この構想はその後，トランプ政権下の米国がインド太平洋戦略を打ち出すに至り，より大きなモメンタムを得ることになる。ハワイの米海軍司令部がその名を太平洋軍司令部からインド太平洋軍司令部に変更したのは象徴的な出来事の一つである。

この「自由で開かれたインド太平洋」に向けた取り組みが日本外交に出てきた背景について，筆者なりに考えてみたい。

冷戦終結後最初の10年間である1990年代は，グローバル化が進展し，環境，貿易，開発，軍縮・不拡散など，様々な分野においてルールに基づく国際秩序を構築しようとする動きが活発になった時代である。環境における国連気候変動枠組条約を含むリオ3条約及び京都議定書の採択，貿易における世界貿易機関（WTO）の創設，開発における新開発戦略・ミレニアム開発目標（MDG）設定の動き，軍縮・不拡散における核不拡散条約（NPT）無期限延長決定や包括的核実験禁止条約（CTBT）の採択などは，いずれもこの10年間の動きである。EUやASEANの拡大・深化，前述のアジアにおける各種の地域協力枠組みの創設もこの流れの中に理解しうる。もっとも，これらの国際枠組みは様々な理由により，現在大きな挑戦にさらされている。

一方，国際安全保障面では，冷戦終了後，様々な事案が発生した。日本の安全保障に深く関連したものとしては，1990年代初頭の湾岸危機・湾岸戦争，2001年9月11日の米国同時多発テロとそれに続くアフガニスタンでのテロとの戦いとイラク戦争，アル・カイダやISILなど過激主義勢力による国際テロ活動，北朝鮮による核・ミサイル開発，中国の軍事費増大と東シナ海・南シナ海における緊張などが挙げられる。総じて言えば，冷戦直後に見られたユーフォリアは，現実に生起する安全保障問題の前に徐々に後退し，21世紀に入って一層顕著になったパワー・バランスの変化と，ルールに基づく国際秩序の揺らぎの中で，日本においても厳しい安全保障環境についての認識が深まってきたと言える。

この過程の中で，日本国内の安全保障問題を巡る議論は進展をとげ，日本人自身の戦略的視野も世紀の変わり目あたりを機に大きく広がった。それは，2006年11月に第一次安倍内閣において麻生太郎外務大臣が提唱した「自由と繁栄の弧」構想，2013年12月に第二次安倍内閣の下で策定された「国家安全保障戦略」に色濃く反映されている。日本及び日本人にとって，太平洋，中東・インド洋といった地域が身近になってきたわけである。

特筆すべき動きとして以下の三点が挙げられる。

（豪州，インドの「再発見」）

第一に豪州，インドの再発見ともいうべき動きである。

アジアにおいて戦後，日本が関係再構築に腐心してきた中国，朝鮮半島，東南アジア諸国に比べると，その外縁に位置する豪州をはじめとする大洋州諸国，及びインドをはじめとする南アジアに対する日本外交の相対的関心は決して高いとは言えなかった。

豪州とは，かつては鉄鉱石，石炭，農産物など資源貿易の関係が中心であり，豪州側もアジアより英連邦諸国や欧州との関係に高い比重をおいていた。日本の外務省で，豪州や大洋州諸国を担当する地域課（大洋州課）がかつては欧州を担当する局に置かれていたのは象徴的である。21世紀に入り，豪州の脱欧入亜とも言えるアジア重視の動き，イラク復興支援における日本の自衛隊と豪州軍との連携（2003年〜2006年），日豪外務・防衛閣僚会議（2+2）の設置（2007年），日豪EPA（2015年発効）などの動きがあり，日本と豪州は，今や米国に次ぐ準同盟国とも言える関係に至っている。

インドとの関係も，戦後間もなくの時期を別とすれば，東南アジア諸国，韓国，中国との関係が国交正常化後，経済面を中心に関係が深化していったのと比べ，20世紀末までは希薄であった。日本の総理大臣のインド訪問は1990年の海部総理から2000年の森総理大臣まで10年間の空白期間があった。日印首脳の毎年の相互訪問が定例化したのは，2006年の第一次安倍内閣からである。その後，日印EPA（2011年発効）や日印外務・防衛閣僚会議（2+2）の開催（2019年）など，両国関係の戦略性が高まったのは近年のことである。

1990年代まではアジアの地域協力枠組みといえばもっぱらASEAN+3（日中韓）がイメージされていたのが，これに豪州，インド，及びニュージーランドが入った東アジア首脳会議（EAS）が2005年に創設されたのは，日本にとっても自然な流れであった。

（アフリカ，太平洋島嶼国の重視）

第二にアフリカ，太平洋島嶼国の重視の動きである。1990年代を通じODA世界一の援助大国だった日本は，この時期，いくつかの地域協力の仕組みを立ち上げた。第2章で紹介するインドシナ総合開発フォーラム（後に日・メコン協力に引き継がれる）がその一つだが，現在まで続いているのが1993年に創設されたアフリカ開発会議（TICAD）と1997年創設の太平洋・島サミット（PALM）である。両プロセスはこれまでに様々な進化を遂げ，現在までにTICADは7回，太平洋・島サミットは8回を数えている。かつて中国，東南アジアが主たる対象であった日本のODAの重点は，アフリカ大陸，及びインドを含む南アジア諸国というインド洋を取り囲む地域と，太平洋島嶼国にシフトしてきたと言える。

（自衛隊の海外活動の拡大）

第三に自衛隊の海外活動の拡大である。筆者が外務省に入った1989年は1990年夏に勃発した湾岸危機の前年であり，自衛隊の海外派遣は全く想定されていなかった。湾岸戦争終結後の遺棄機雷除去のため海上自衛隊掃海艇が派遣されたのは，1991年である。その後，1993年に成立した国際平和協力法（PKO法）により国連PKOの下で自衛隊はカンボジア，ゴラン高原，東ティモール等で徐々に海外での活動を行うようになっていたが，1999年に成立した周辺事態安全確保法では，同法に基づく自衛隊の活動は中東・インド洋では想定されないとされていた。それ故，2001年9月11日に同時多発テロが起きた後，インド洋上での対テロ活動支援のための給油活動，及びイラク戦争後の人道復興支援活動は，「世界の中の日米同盟」の考えの下，別個の時限立法（テロ特措法及びイラク特措法）で対応することとなった。その後，アデン湾及びソマリア沖で海賊事案が頻発した2008年以降，ジブチを拠点に海上自衛隊の艦船，航空機が海賊対処活動を行っている。

このように，PKO法，テロ特措法，イラク特措法，海賊対処活動法と法的根拠，任務は様々であるが，陸海空の自衛隊がアジア，インド洋，中東，アフリカで各国軍隊とともに活動を行い，ローテーションを通じて，海外経験を積んだ自衛隊員が増え，組織内にノウハウが蓄積されていく。これが日本の国民レベルの戦略的視野を拡大する上で重要なインパクトをもたらさない訳がない。

どの国でも，その国の軍隊は自国防衛のための国内任務を基本としている。海外活動の任務付与には当該国の強い国家意思と国民の支持を必要とする。海外任務の帰趨は，好むと好まざるとにかかわらず，当該国と活動地域との関係にある種の特別な感情を醸成することにつながる。欧州諸国と中東・アフリカ及び一部アジア諸国の関係，米国と中南米及び一部アジア（ベトナム，フィリピン）との関係がそうであろうし，日本が戦後，関係構築に腐心してきた中国，朝鮮半島，東南アジアが，結果としていわゆる「大東亜共栄圏」とほぼ重なる地域であったことは偶然ではないであろう。逆に自国軍隊が活動したことがなく，国際業務を主任務とする専門家（外交官，援助関係者，ビジネス関係者等）の活動にとどまる地域に対して国民の多数が継続的に関心を寄せることは多くない。日本国民にとって，インド洋の周辺地域であるインド亜大陸，中東，アフリカはそうした地域であったが，この地域での持続的な自衛隊の活動は，国民意識を変えてきた。2015 年に成立した平和安全法制では，1990 年代末の周辺事態安全確保法当時のような中東，インド洋での活動を想定しないといった発想に立つことはもはやなくなった。現在までの自衛隊の海外活動の実績に対する国民の評価と国民意識の変容を踏まえたものと言える。

（東南アジアの位置付け）

自由で開かれたインド太平洋において，東南アジアはどのような位置を占めることになるのか。世界地図を広げて見れば，太平洋とインド洋をつなぐ要衝に位置する東南アジアの重要性は自明といって良いであろう。

イスラム教の伝播した時代から，東南アジアにはアラブ，インド，ヨーロッパ，中国大陸から海を渡って人々が訪れ，交易が行われてきた。大航海時代からはガレオン貿易で太平洋を通じて新大陸ともつながった。日本も短期間ながらその一角を占めたこともある。近代では，植民地主義の形（ビルマ・マラヤとイギリス，ジャワとオランダ，インドシナとフランス，フィリピンとアメリカ）ではあるが，東南アジアはインド洋と太平洋を通じて世界とつながっていた。

ヒトが集まるところにはモノ，カネ，情報も集まる。それは良い面もあれば，悪い面もある。悪い面としては海賊，麻薬，テロ・過激主義などであり，東南アジアがこれらの問題を長年抱えているのは，ヒト，モノ，カネ，情報の結節点であるが故の面もある。逆に，東南アジアがこれまで実現してきた繁栄は，南アジア，アフリカにとってのモデルとして広め得る。

自由で開かれたインド太平洋の実現において，東南アジアの役割，安定が不可欠である所以である。

ASEANは2019年6月,「インド太平洋アウトルック（“ASEAN OUTLOOK ON THE INDO-PACIFIC”）」と題する文書を採択した。インドネシアのイニシアティブによるものとされる。ASEANのインド太平洋地域についての基本的考え方として，

1)　アジア太平洋とインド洋を統合され相互に連結した地域として捉える視点，

2)　対立ではなく対話と協力の地域としてのインド太平洋，

3)　全ての者に開発と繁栄が行き渡るインド太平洋，

4)　地域枠組みにおける海洋の重要性

に触れている。また，具体的な協力分野として，海洋協力やインフラ整備による連結性向上，国連持続可能な開発目標の実現などを挙げている。そしてインド太平洋地域へのASEANの関与のあり方として，ASEAN主導の仕組みであるEASやARF，ADMMプラスなどの活用に触れている。

数ページの短い文書であり，ASEANの合意された外交文書の例に洩れず，全般的に当たり障りのない表現であるが，ASEAN諸国の関心が垣間見える点もある。特に，海洋関係の記述の比重が多く，（中国を名指ししないものの）南シナ海問題を念頭においたと思われる以下のような率直な表現が見られる。

「この地域の国々が直面する既存及び新たな地政学上の挑戦はまた，オープンな紛争になる潜在性がある未解決の紛争などの海洋問題を巡って生起している。（中略）これらの問題を予防，管理し，最終的にはより焦点を当てた，平和的で包括的な方法で解決する必要がある。」

（“The existing and arising geopolitical challenges facing countries in the region also revolve around maritime issues such as unresolved maritime disputes that have the potential for open conflict. ……. There is a need to prevent, manage and eventually resolve these issues in a more focused, peaceful and comprehensive way.”）

（和文は筆者仮訳）

また，インド太平洋へのASEAN関与の仕組みとして，ASEAN主導の仕組み，とりわけ東アジア首脳会議（EAS）の役割に対する期待も垣間見える。ASEAN関連の地域協力の仕組みでは，ASEAN+3（日中韓）に重点を置こうとする中国と，EASを特に政治面でのプレミア・フォーラムとして強化しようとする日本や米国との間で綱引きがある。このアウトルック文書を踏まえ，今後，インド太平洋関連でASEANがどのような対応をとるのか，とりわけEASの場でどのような動きを見せるかが注目される。

コラム１　「ASEANの流儀」（“ASEAN way”）

ASEAN関連の会議に参加すると，よく“ASEAN way”という言葉を聞かされる。「ASEANの流儀」とでも訳すべきか。その意味するところは，対立的な論争を避け，コンセンサスを重視するスタイル，社交の重要性といったところであろう。心地良い反面，歯痒いところもある。

また，ASEAN の共通語は英語とゴルフとも言われる。マニラ在勤時に知遇を得たデリア・アルバート元フィリピン外相は女性キャリア外交官の草分け的存在で 1960 年代に日本滞在経験もある知日派である。日本から戻ってフィリピン外務省に入ったのが 1967 年，ちょうど ASEAN が創設された年である。同元外相によれば，ASEAN の外相レベルの重要な意思決定はゴルフのクラブハウスで行われるのが通例で，自分はゴルフをやらないが補佐のため時の外相への随行を求められたそうである。昭和の日本を彷彿とさせるが，東南アジアの人達は今でも大変なゴルフ好きであり，初対面で挨拶すると「ゴルフはおやりになりますか？」と聞かれることが多い。

マルチの国際会議は様々なものがあり，それぞれ特徴がある。筆者がこれまで直接議論に深く参画したマルチの国際会議としては，国際保健問題に関する G7 専門家会合，国連の気候変動交渉関連会合，国際原子力機関（IAEA）関連会合，ASEAN 地域フォーラム（ARF）関連会合があるが，ASEAN 関連の国際会議は，この中でも最も「ゆるい」印象がある。

G7 の会合は，先進民主主義国同士という共通の土俵に立ちつつも，日，米，欧それぞれ拠って立つスタンスが異なり，また小人数で双方向のやりとりが可能なだけに時として議論が白熱する。国連の気候変動交渉会合は，先進国 vs 途上国だけでなく先進国間，途上国間などいくつも対立軸がある中で，会期そっちのけで議論が果てしなく続くケースが多い。IAEA 関連会合は G7 と国連の中間であり，いくつか紛糾する対立点はあるものの，原子力関係者の共同体意識から，延々と議論というケースはあまりなく，大体会期内にまとまる。

ASEAN 関連の国際会議は以上のいずれとも異なる。社交性，ホスピタリティは大変豊かであることは間違いない。会議初日の晩のガラ・ディナーなどは特に派手な演出である。2017 年にフィリピンが主催した ASEAN 関連首脳会議ではドゥテルテ大統領自らがマイクを握って各国首脳を前に熱唱していた。

また 2000 年代初頭までは毎年の ASEAN 拡大外相会合において，各国代表団による cultural performance が定番プログラムとしてあり，外務大臣にいかなるパフォーマンスをしてもらうかが，外務省の担当課長の重要任務の一つであった。「あっちで中国とロシアの代表団が一生懸命，歌のリハーサルをしているよ」。1996 年の ASEAN 拡大外相会合に出席する代表団の一員としてジャカルタに出張したとき，加藤良三アジア局長が可笑しそうに話していたのを思い出す。中国，ロシアとも ASEAN の完全対話国となったのはこの 1996 年の拡大外相会議からであり，デビュー戦に緊張していたのかも知れない。南シナ海問題などで雰囲気がギスギスしてきたせいか，この cultural performance のプログラムも無くなってしまった。

ASEAN 関連会合では，他の国際会議と異なり，参加国間の双方向のやり取りをすることはほとんどなく，事前に準備した文書を順番に読み上げるのが中心である。参加国間の合意文書（agreed text）は作成しない。ASEAN 内では作成しても，日米中といった域外国を交えた関連会合での成果文書は「議長総括」という，会議の議論を踏まえて議長の責任で作成する文書のみである。したがって事務レベルが集まって長時間のドラフティング・セッションを行うこともない。この議長総括文書すら，会議の期間中に作成されることは稀であり，各国代表団が帰国してしばらく日にちが経って忘れかけた頃に案文が送られてコメントを求められる。終わった会議の文書なので記憶も薄れつつあるし，帰国した後なので直談判するわけにもいかない。いろいろコメントをつけても，最後は議長の責任だからと逃げられてしまう。「暖簾に腕押し」である。

興味深いエピソードがある。2005 年に京都でアジア欧州会合（ASEM）外相会合を日本が主催した時のことである。現場でアジア側会合をアレンジした際，東南アジア各国がこだわったのは席次であった。当時のアジア側参加国は ASEAN10 カ国と日中韓の計 13 か国であったが，東南アジア各国が強く求めたのは，13 か国を一緒にしてアルファベット順にするのではなく，ASEAN＋日中韓の席次とすべきという点であった。ASEM は ASEAN の会議ではなく，釈然としない要求だったが無理に拒む話でもないので受け入れた。更に会合の時には，ASEAN 側は示し合わせて先に会場に入り，わざわざ日中韓を迎え入れる形をとった。ここから伺えるのは，東南アジア諸国にとって ASEAN とは，中小国がまとまって域外国と対峙する上で心地良い仕組みであるということである。ちょうど小さい魚が集まって大きな魚の形を作って見せて，外敵から身を守ろうとするように。域外国の立場からすると不可解な面もあるが，ASEAN 側からすると一定の合理性があるとは言えよう。

コラム 2　日本とフィリピンの人的交流の歴史

福田ドクトリン演説の翌年（1978 年）に放映された NHK 大

河ドラマは「黄金の日々」である。戦国末期にルソン貿易に挑んだ堺の商人，呂宋助左衛門を描いた城山三郎の小説が原作で，助左衛門は若き日の松本白鸚（当時は市川染五郎）が演じていた。小学生だった筆者は断片的にしか観ていなかったが，2017年にフィリピン勤務となったのを機に，マニラの地で 40 年前のこの大河ドラマをネットで全編観てみた。フィリピンを舞台にした話が結構多く，ヒロインの栗原小巻のフィリピン民族衣装姿が印象的であった。大河ドラマ初の海外ロケがフィリピンで行われ，フィリピン人俳優が多数出演していたことも初めて知った。

まだ第二次世界大戦の記憶から反日感情が強く残っていた時代である。マルコス大統領夫妻の娘アイミー・マルコス（現フィリピン上院議員）が来日時に NHK スタジオを見学して，両親に手紙を書き，フィリピン政府の海外ロケに対する協力が得られたとの説もあるようだが，真偽の程は定かでない。もっとも，前年の 1977 年 4 月にマルコス大統領夫妻は日本を公式訪問しており，高山右近を長年研究しているフィリピン人研究者によれば，後述する高山右近像の設置が動き始めたのも，この訪日を機にイメルダ・マルコス夫人（当時はマニラ首都圏知事でもあった）による支援がなされたためとの由なので，NHK のフィリピン・ロケも同様の背景があったことは十分に考えられる。

ちなみにイメルダ・マルコスは 2019 年 5 月まで現職の下院議員であった。筆者は一度だけ直接言葉を交わしたことがあるが，日本からの来訪者の前で日本語の歌を披露するなど，齢 90 歳を超えて今なお意気軒昂である。

「黄金の日々」でも登場するキリシタン大名，高山右近は晩年，江戸幕府のキリシタン追放令によりマニラに渡る。マニラに到着したのが1614年12月11日，日本は大坂の陣の最中，フィリピンはスペインの植民統治が確立して間もない頃である。フィリピン総督の手厚い歓迎を受けた高山右近だが，到着後数十日で病没する。マニラ到着から400年後の2014年にローマ法王から福者に列せられた高山右近は，フィリピンで最も知られた日本人の一人である。マニラの日本人町があった地区に高山右近ゆかりの地である高槻市からの寄贈により1977年に設置された大きな銅像があるほか，マニラ旧市街の各所に右近像が設置されている。

一方，初めて日本を訪れたフィリピン人とされる聖ロレンソ・ルイスは，江戸時代初期に日本に渡り，長崎で殉難した。高山右近とほぼ同時代人であり，日本での知名度は今一つであるが，フィリピンではアジアで初めて聖人に列せられた人物として知らぬ人はいない。

旧日本人町地区に立つ高山右近像（左）と
新たな右近像に祝福を与えるマニラの枢機卿（右）

出典：Lord Takayama Jubilee Foundation

時代は下って19世紀末以降，日本は明治，フィリピンはスペインから米国統治に移りつつある頃，日本とフィリピンの人的交流は復活した。フィリピン独立運動の国民的英雄ホセ・リサールは，1888年に数ヶ月間日本を訪れており，滞在していた東京ホテルがあった日比谷公園内に記念碑がある。「おせいさん」と呼ばれた日本人女性との恋物語もフィリピン人によく知られている。また，フィリピンのスペインやアメリカに対する独立運動を支援しようとする動きも民間レベルでは見られた。

この時期はまた多くの日本人がフィリピンに渡った。北部ルソンの避暑地バギオに至る山岳道路の工事のため，募集に応じた日本人労働者が難工事を完成させた後，現地に根をおろした。一部の人々は新たな機会を求めてさらにミンダナオのダバオに移り，マニラ麻の栽培で財をなし，地域経済にも大いに貢献した。戦前のバギオ，ダバオは日本人及び日系人の一大コミュニティが築かれていたが，第二次世界大戦の勃発は人々の人生を暗転させる。日本の敗戦後に強制帰国させられた日本人の夫と離れ離れになったフィリピン人妻と子供達は日本との関係を隠しながら苦難の生活を強いられた。これらの人達の日本国籍取得（就籍）支援の活動が現在も続けられている。

戦時中の日本軍政下という特殊な状況での日本とフィリピンの人的交流としては，南方特別留学生があげられる。約200人の南方特別留学生のうちフィリピンからは51名が招聘され，その中には日本軍政下で「独立」したフィリピン共和国ラウレル大統領の三男マリアノ・ラウレルや「バターン死の行進」を生き延びたレオカディオ・デアシスが含まれる。第一高等学校で学んでいたマリアノ・ラウレルは帰国後金融界に進み，銀行頭取になった。現在の駐日大使ホセ・ラウレルと日比友好協会会長フランシス・ラウレルの兄弟はマリアノの甥にあたる。レオカディオ・デアシスは「福田ドクトリン」演説の1977年にマニラで南方特別留学生有志が設立した「東南アジア元日本留学生協議会」（ASCOJA: ASEAN Council of Japan Alumni）の初代代表に就任した。

また，妻子を日本軍に殺害されながらもBC級戦犯の恩赦の決断を下したエルピディオ・キリノ大統領と，大統領に恩赦の嘆願を出し続けた島根県出身の画家，加納辰夫（莞蕾）の交流も特筆すべきものであり，両家の子孫の交流は今も続いている。2016年にはキリノ大統領の恩赦の英断を顕彰する碑が日比両国の関係者によって日比谷公園内に設置された。

日比谷公園内のホセ・リサール記念碑とキリノ大統領顕彰碑

出典：筆者提供

戦後の日本とフィリピンの人的交流は，良きにつけ悪しきにつけ，経済大国日本と低迷するフィリピンの経済格差を反映した形となった。深田祐介著「炎熱商人」や漫画「課長島耕作：マニラ編」は，1970 年～1980 年代の日本企業の現地進出や，日本に出稼ぎにいくフィリピン女性（いわゆる「ジャパゆき」さん）など，当時の日比関係の表裏を描いている。

2020 年の現在，日本とフィリピンの人的交流は新たな段階に至っている。2019 年末時点の在日フィリピン人は約 28 万人（中国，韓国，ベトナムに次ぐ第 4 位）であり，特に首都圏と中京圏が多い。2019 年には名古屋に新たに総領事館が設置された。ダバオにある日本の領事事務所も 2019 年に総領事館に昇格，2021 年にはセブ領事事務所が総領事館に昇格予定である。中間層の拡大により，日本を旅行で訪れるフィリピン人の数は近年着実に増加しており，2019 年の訪問者数は約 61 万人（第 8 位。東南アジアではタイに次ぐ第 2 位）にのぼる。筆者がフィリピンで知り合った政府関係者や経済界，有識者の人達のほとんどが熱烈な日本訪問のリピーターであると言っても過言ではない。首都圏や関西のみならず，フィリピン映画のロケ地になった北海道や九州に足を伸ばす人が増えるなど，訪問先にも多様化が見られる。

日本からフィリピンを訪れる人々の層も変化している。特に若者の英語留学先としてのフィリピンの人気が高まっており，セブ，バギオなどの英語学校に短期留学する日本人は近年増えている。

芸能・スポーツ分野の交流もめざましい。日本で活動するフィリピン出身の歌手ビバリーさんは 2017 年マニラでの ASEAN 関連首脳会議の晩餐会で安倍総理やドゥテルテ大統領の前で熱唱した。吉本興業の若手芸人はマニラで地元に根を下ろした生活をしながら現地テレビ番組での出演を果たしている。大相撲の高安関，御嶽海関や，アジア大会でフィリピンに金メダルをもたらし，日本プロツアーでも優勝を果たした女子ゴルファー笹生優花選手など，日比混血のスポーツ選手の活躍も目立つ。

第２章
経済協力

ラオス・タイ国境にかかる第２メコン国際橋（出典：JICA）

本章では，日本と東南アジア諸国をつないできた重要な柱である経済協力について触れる。経済協力の中身も，時代とともに変遷してきた。

1　戦後の日本の東南アジアとの経済協力

戦後の日本の東南アジアとの経済協力の歴史は，大海渡桂子著「日本の東南アジア援助政策：日本型ODAの形成」に詳しい。同書の内容も踏まえつつ，1950年代から1980年代における概略を紹介したい。

（1950年代〜1960年代）

戦後，日本と東南アジアの経済協力は賠償から出発した。

サンフランシスコ平和条約交渉当時，東南アジア諸国が日本に対して賠償を求める声は強いものがあった。冷戦下において日本を早期に経済復興させるため，当初，米国は対日賠償を求めない方針だったが，甚大な戦争被害を被ったフィリピンの強い要求により，条約に賠償関連規定が盛り込まれることとなる。サンフランシスコ平和条約締結時，既に独立していた東南アジア6カ国のうち，同条約を締結したのはフィリピン，ベトナム，ラオス，カンボジアの4カ国である。インドネシアは署名するも結局批准せず，ビルマ（現ミャンマー）はそもそも非締約国だった。

独立回復後，日本はこれらの国々と個別に賠償協定を結ぶこととなる。フィリピン，ベトナムとはサンフランシスコ平和条約の規定に基づき賠償協定を締結，ビルマ，インドネシアとは別個の賠償協定を結んだ。賠償請求権を放棄したラオス，カンボジア，及び平和条約後に独立したマレーシア，シンガポールとは「準賠償」の性格を持つ経済協力協定を，交戦国ではなかったタイとは戦時中の特別円処理のための協定をそれぞれ結んだ。

これらの協定では，戦争被害への償いを超えた，経済援助の要素が当初から盛り込まれていた。すなわち，資本財を供与することでこれら諸国の自立発展，共産主義の浸透防止を助けるとともに，日本にとっても原材料の輸入，資本財の輸出市場の確保というメリットがあり，共存共栄を目指すものであった。賠償終了後，こうした資本財供与の役割は円借款に引き継がれ，「アジア中心」「経済インフラ中心」「円借款中心」「日本タイド」を特徴とする日本型 ODA が，東南アジアを中心に展開されることなった。冷戦構造下であり，また共産中国との経済交流が制限されている中，日本と東南アジア諸国（自由主義陣営）が経済協力を進めることは，双方の利益，そして自由主義陣営の盟主である米国の利益にも合致していた。

（1970 年代～1980 年代）

1970 年代に入り，国際環境の変化（中ソ対立による中国の西側陣営への接近，米国の相対的経済力低下と日本の経済大国化）により，日本と東南アジアの経済協力も緩やかに変質していった。

1974 年の田中角栄総理大臣の東南アジア訪問の際に起きたイ

ンドネシアでの反日デモは，日本の経済的オーバープレゼンスが一つの要因とされ，日本の経済協力のあり方を見直す一つの転機となった。日本と東南アジアの青少年が同じ船でアジア各地を訪問しながら交流を図る「東南アジアの青年の船」事業が創設されたのはこの年からである。

第1章でも触れた「福田ドクトリン」(1977年) において，「心と心の関係」を重視する姿勢を明確にし，経済面にとどまらない幅広い分野での交流を進める一方，経済面においても日本の経済大国化に伴い，累次の中期目標の設定によりODAの量的拡大を進め，1989年にはODA世界一の座についた。また，無償拡大・アンタイド化を進めた。

日本と東南アジアの間には，援助・被援助の関係にとどまらない，民間投資を通じたつながりも増えていった。1970年代に始まった円高は，1985年のプラザ合意を機に一層進み，日本企業の海外進出を後押しした。その際，それまでの経済インフラ整備や人材育成により投資環境が整っていた東南アジア諸国は重要な投資先となった。東南アジア側にとっても，マハティール・マレーシア首相が提唱した「ルックイースト」の言葉に象徴されるように，日本の輸出主導型経済発展はASEANに加盟する東南アジアの国々にとってのモデルとなった。一方，インドシナ3国 (ベトナム，ラオス，カンボジア) とビルマ (ミャンマー) の停滞は続いた。

なお，日本と東南アジアとのODAと民間投資を通じた経済協力の形は，1972年に国交正常化し，1979年以降，改革開放政策を進めた中国との間にも拡大することとなった。

2　冷戦後の対東南アジア支援

（インドシナ総合開発フォーラム構想）

1989年のベルリンの壁崩壊とマルタでの米ソ首脳会談に象徴される東西冷戦の終結は，分断されていた東南アジアにも大きな情勢変化をもたらした。カンボジア和平の進展，ベトナムの「ドイ・モイ」，ラオスの「チンタナカーン・マイ」と呼ばれる改革開放路線である。「戦場から市場へ」の流れが出てきたわけである。

東南アジアが一体として発展する可能性が出てきた中，これを日本外交として如何に後押しするか。その基本方針を示したのが，1993年1月に東南アジアを歴訪した際のタイ・バンコクにおける宮澤喜一総理大臣による政策演説である。

宮澤総理はこの演説において，以下のとおり，域内格差是正の援助協調の枠組みとして「インドシナ総合開発フォーラム」構想を提唱した。

「カンボジア和平合意の成立は，カンボジア復興ばかりでなく，ベトナム，ラオスの開放政策の推進に道を開き，ASEAN諸国とインドシナ諸国からなる東南アジアが一体として発展する可能性を示しております。このような展開は，1977年に福田総理がマニラで，東南アジア全域に相互協力と理解の輪を広げることにより，地域全体の平和と繁栄の構築に寄与するとの方針を打ち出して以来，わが国が一貫して目指してきたものであります。その後のカンボジア問題の推移は，遺憾乍ら，このような目標の実現を困難なものとして参りましたが，いま漸く東南アジアの諸国が平和と繁栄を分かちあうことができる状況が到来しました。ASEANとインドシナの諸国が，良き隣人，良きパートナーとして，手を携えつつあることは歓迎すべきことであります。日本としても，東南アジアの諸国が有機的な一体性を強め，地域全体として発展していくことが重要であると考え，そのような認識のもとに，とりわけインドシナ地域の社会経済発展のためにインフラ整備，人材養成等の面で協力していきたいと考えております。私は，このような観点から，関係国・国際機関の専門家，官民の有識者の参加を得てインドシナ地域の国境を越えた協力と開発のあり方につき率直で建設的な討議・意見交換を行い，インドシナ地域全体の調和のとれた開発戦略を策定する場として，「インドシナ総合開発フォーラム」の設置を提案したく，その準備のための国際会議を本年秋を目処にわが国にて開催したいと思います。」

この構想に基づき，1995年2月にインドシナ総合開発フォーラム閣僚会合が開催され，援助国，国際機関が一同に会して，ベトナム，ラオス，カンボジアのインドシナ3国を対象としたインフラ整備と人材育成を議論する作業部会，及び民間セクターからなる諮問会合が設置された。筆者が1995年夏にインドシナ半島の東南アジア5カ国を担当する南東アジア第一課に配属になった時に，真っ先に担当したのが，このインドシナ総合開発フォーラム関連会合の運営であった。

インドシナ総合開発フォーラムは，東西冷戦と内戦で分断されたインドシナ半島の開発を国際社会が連携して後押しし，ASEAN原加盟国との格差を埋めようとするアプローチである。このフォーラム自体で個別の具体的プロジェクトを形成，決定するわけではないが，主要援助国・国際機関間で情報交換を行い，インドシナ全体を包括的にとらえる認識を共有し，自らの援助政策の決定に反映させるよう促すことで，各国の援助資金の流れに大きな方向づけを与える意義があったといえる。（なお，同じ1990年代には1993年に第一回アフリカ開発会議（TICAD）が，また1997年には太平洋・島サミットの第一回会合が東京で開催されている。いずれも冷戦後，東西ブロックや第三世界の枠を超えてグローバル化が進む中，世界最大のODA供与国となった日本が打ち出したイニシアティブと言える。）

（ミャンマー経済支援）

インドシナ総合開発フォーラムの対象国ではなかったものの，長い軍政下で国際的孤立と経済停滞が続くミャンマー支援も重点課題であった。

ミャンマーは最初の賠償協定締約国であり，経済協力では最も長い歴史を持つ。伝統的親日国であり，「ビルマの竪琴」以来のつながりもあってか，日本国内にもミャンマーに強い思い入れを持つ人々は多い。

ミャンマーはしかし，ASEAN原加盟国，インドシナ３国のいずれとも異なる特異な歴史を辿ってきた。

ビルマ（現ミャンマー）は，1962年のクーデター以降，国軍のトップであるネ・ウィン将軍がビルマ式社会主義を標榜する政権を担ってきた。1988年の民主化要求デモでネ・ウィンは党議長を辞任するが，ビルマ国軍がデモを鎮圧するとともに国家法秩序回復評議会（SLORC）を設置して政権を掌握した。軍事政権は1990年に総選挙を実施するも，民主化運動を主導していたアウン・サン・スー・チー女史率いる国民民主連盟（NLD）が圧勝したため，選挙結果を受け入れず，アウン・サン・スー・チーを自宅軟禁下におき，国際社会の非難と経済制裁を招いて孤立に陥っていた。

建国の父アウン・サン将軍の娘であり，英語に堪能で英国人と結婚・死別したアウン・サン・スー・チーの内外での発信力は大きく，欧米諸国のミャンマーの軍事政権への姿勢は（中国など他の体制への対応との比較で言えばやや過剰ともいえるほどに）厳しいものがあった。他方で，制裁により孤立するミャンマーが中国への傾斜を強めることは好ましいとは思われなかった。軍事政権，アウン・サン・スー・チー女史率いるNLD，欧米諸国のいずれともパイプを持つ日本は，軍事政権側に民主化と人権状況の改善を働きかけつつ，欧米諸国にはミャンマーに関与し続けることの地政学的重要性を訴えることに腐心していた。当時の日本大使公邸はアウン・サン・スー・チー女史の自宅の向かいにあり，隣人として日本は同女史とも接触を維持していた。

筆者が南東アジア第一課に配属となった1995年夏は，自宅軟禁下にあったアウン・サン・スー・チー女史の軟禁が解除され，「機会の窓」が開いたかに思われた時期である。日本は，ミャンマーに対する新たな経済援助方針として，民主化と人権状況改善を促しつつ，基礎生活分野を中心にケース・バイ・ケースで支援を行うこととした。同方針に基づき，看護学校の拡充や配電網の改修，さらには安全面からのヤンゴン国際空港改修などのプロジェクトを少しずつ進めたが，アウン・サン・スー・チー女史が再び自宅軟禁におかれ，民主化の動きはその後も一進一退が続くこととなる。

結局，ミャンマーの政治状況の変革は，2011年の民政移管を待たなくてはならなかった。筆者がミャンマー担当を離れた後，ミャンマーを再訪する2012年まで約15年間のブランクが生じたが，東南アジア各国の中で，首都の街並みが最も変わっていなかったのがミャンマーであった。（もっとも，ミャンマーの場合，首都自体がヤンゴンからネピドーに変わったが。）ミャンマーが2014年にASEAN議長国を務め，経済投資先として国際社会の注目を浴びるようになるのはその後のことである。

（日・メコン協力へ）

CLVM（カンボジア（Cambodia），ラオス（Laos），ベトナム（Vietnam），ミャンマー（Myanmar））と呼ばれるインドシナ半島の４カ国をいかに経済的に引き上げ，先行するタイ及び島嶼部の東南アジア諸国（ブルネイ，シンガポール，インドネシア，フィリピン，マレーシア）との一体感の醸成を支援していくかが，1990年代以降の日本の対東南アジア政策の重要課題であった。

代表的なアプローチが域内格差是正に資するインフラ整備であり，とりわけ，インドシナ半島の経済開発で議論の中心となったのが，東西経済回廊構想である。インドシナ半島の中でも他地域に比べて経済的に出遅れているベトナム中部，内陸国ラオス，タイ東北部，ミャンマーをつなぐ，ダナン（ベトナム）からサワンナケート（ラオス），ムクダハン（タイ），モーラミャイン（ミャンマー）に至るルートの交通インフラを整備し，物流を活性化させるという構想である。日本のいくつかのODA案件（ダナン港，ハイヴァン・トンネル，ラオス国道9号線，第2メコン架橋，ミャンマーの橋架け替え）はこの構想の下で実施されてきた。

東西経済回廊

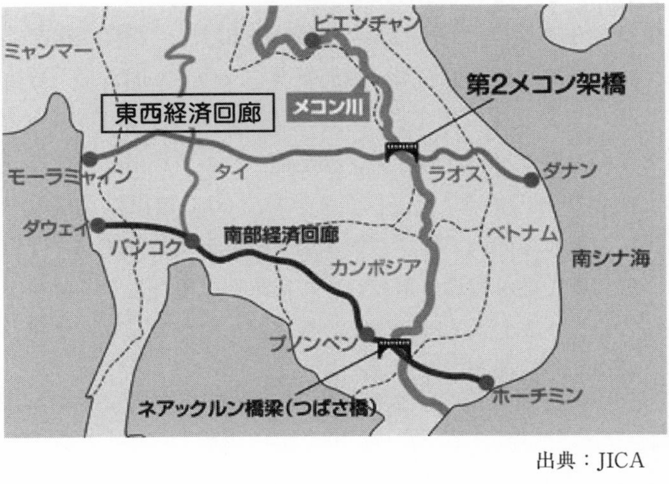

出典：JICA

インドシナ半島の国々を一体としてとらえる流れは，インドシナ総合開発フォーラムから日・CLV 協力，そして 2008 年以降はミャンマーを含めた日・メコン協力に引き継がれて現在に至っている。

3　アジア金融危機への対応

1980 年代半ばから輸出主導型の成長を続けてきた多くの東南アジア諸国に冷水を浴びせたのが，1997 年夏のアジア金融危機である。為替の過大評価により海外から流れ込んでいた短期資金が，市場での信認低下を受けて急速に流出したタイ，インドネシアが特に大きな影響を受けた。

危機発生を受け，日本政府は 1998 年 10 月，「新宮澤構想」として中長期資金 150 億ドル，短期資金 150 億ドルの総額 300 億ドル規模の資金支援策を発表した。また，同年 12 月に日本企業支援も兼ねた日本タイドのインフラ整備のため「経済構造改革支援のための特別円借款」として，3 年間で 6000 億円の支援策を打ち出した。日本国内では，バブル崩壊後の不良債権問題と，相次ぐ金融機関の破綻処理に追われていた時期に重なるが，アジア経済の安定を下支えする唯一無二の存在として日本がリーダーシップを発揮した局面だったと言える。

(インドネシア支援)

筆者は，1999年夏から経済協力局で円借款を担当する有償資金協力課に配属となった。この時，アジア金融危機は小康状態になっていたものの，一部の国では経済危機が政治危機に転化していた。その最たるものがインドネシアであり，スハルト政権退陣後，ハビビ政権，ワヒド政権と短期間で政権が交代する不安定な状況にあった。円借款関連の当時の他の主要懸案としては，大きな政治的困難を伴いつつあった中国への円借款と，国際社会の関心事となっていたアフリカの重債務貧困国の債務救済問題があったが，ASEANの盟主であるインドネシアをいかに政治的，経済的に支えるかも重要課題であった。

インドネシアに対する国際支援は2000年春に一つの節目を迎えた。インドネシアが国際通貨基金（IMF）との間で融資と引き換えに補助金削減など痛みを伴う構造改革プログラムに合意したのを受け，債権国会合（パリクラブ）でも，インドネシアが各国に対して負う公的債務の繰延が合意された。日本がインドネシアに対して有する公的債権は円借款，コメ延払い，輸銀，付保商業債権など多岐にわたり，返済期限が到来する額は約3000億円に上ったが，この返済を猶予したわけである。日本としては1カ国への債務繰延合意としては史上最大規模のものであった。

通常，債務の繰延や免除を行った国に対しては，新規の借款供与には慎重にならざるを得ない。一方で，インドネシアの経済再建，成長のために必要なニューマネーの供給も重要である。ワヒド政権の経済チームは新規の借り入れには慎重であり（それ自体は賢明な姿勢である），日本とインドネシア側との協議により必要なプロジェクトを厳選しつつ供与の検討を進めた。

一方，政治面では，東ティモール独立問題がインドネシアと国際社会との関係に大きな影を落としていた。1998年のスハルト退陣後，インドネシア政府は東ティモールの独立容認に方針転換をし，翌1999年に独立の賛否を問う住民投票が行われ，圧倒的多数が独立賛成の意思を示したが，独立反対派による破壊・暴力行為のため現地情勢は極めて悪化しており，2000年には現地で国際機関（UNHCR）の外国人スタッフが殺害される事件も発生した。現地の治安悪化にはインドネシア国軍の関与も取り沙汰されており，インドネシアに対する国際社会の風当たりは非常に厳しいものがあったが，東南アジア安定の要であるインドネシアを支えないという選択肢はなかった。

そのような中，2000年秋に日本政府は世界銀行との共催により東京でインドネシア支援国会合を開催した。筆者の属する有償資金協力課が主担当として関係国・国際機関との調整にあたった。

支援国会合とは，ホスト国（通常は主要ドナー国）が国際機関（通常は世界銀行）と共催して，特別な支援を要する国への国際支援をとりまとめるため開催するものである。会合に先立ち，世界銀行が支援対象国政府と協議の上，予算，歳入見通し，国際収支状況等を踏まえた，国際社会に求める支援額（資金ギャップ）を算定する。支援国会合では当該国の経済チームが，各国・国際機関関係者の居並ぶ前で，経済改革へのコミットメントと実施状況を示しつつ，支援を訴える。それを受けて，参加ドナー国・国際機関が支援額を表明（プレッジ）して資金ギャップを埋めるための支援を積み上げることになる。ホスト国政府は，支援対象国，世界銀行と連携しながら，会議の成功（必要な国際支援の確保）に向けた調整を行う。支援対象国との十分な信頼関係はもちろんのこと，参加各国や国際機関とも円滑な意思疎通を行う調整力が求められるし，ホスト国自身も応分の支援を行うことが期待される。決して楽な役回りではないが，当該対象国との緊密な関係構築や，各国の情報が集まってくるなどの外交的メリットも大きい。ODA 大国となった日本は 1990 年代以降，カンボジア，アフガニスタン，パキスタンなど，その時々で日本が外交的に重視する国々に対する支援国会合を開催することで，影響力を確保してきた。

2000 年秋のインドネシア支援国会合も，インドネシアに経済改革，東ティモール問題で注文をつけつつも，必要な国際支援をとりまとめる形で成果を収めることができた。

その後，インドネシアはワヒド政権からメガワティ政権に引き継がれ，さらに 2004 年にはインドネシア国民による初の直接投票によりユドヨノ政権が発足した。この頃になってようやく，インドネシアは再び ASEAN の盟主として戻ってきたように思われる。

（補論：パキスタン支援国会合）

余談となるが，このインドネシア支援国会合，および第 4 章で触れるカンボジア支援国会合に関わった経験は，2009 年 4 月に日本が世銀との共催により東京で開催したパキスタン支援国会合の大きなヒントとなった。

2009年当時のパキスタンをめぐる情勢には，2008年のリーマン・ショックによる経済的影響，アフガニスタンとパキスタンを一体としてとらえて長期化するアフガニスタン問題を解決しようとする米国のオバマ政権の新たなアプローチなど，様々な要因が働いていた。特に米政府において新設のアフガニスタン・パキスタン特別代表に豪腕で知られるリチャード・ホルブルック元国連大使が任命されたことに，新たなアプローチに対するオバマ政権の強い意志が感じられた。この中で，2001年以来続けてきたテロとの戦いにおけるインド洋での給油支援が様々な事情で困難になりつつあった日本が，アフガニスタン問題対処の一環としてパキスタン支援国会合の開催を提案したのである。

インドネシア支援国会合開催時と比べてODA大国としての地位は後退しており，日本の支援余力は十分でない。また，過去に核実験を行い，カーン・ネットワークによる北朝鮮の核開発への関与疑惑もあり，中国との関係も深いパキスタンにそもそも支援をするのが適当なのかとの議論もある。その一方で，パキスタンが更に不安定化したり対中傾斜を一層強めるのも困る。様々な要素を考慮しなくてはならない状況であったが，直接の当事者であるアフガニスタン，パキスタンに加え，世銀，米国，EUといった主要プレーヤーと緊密な調整を行った。とりわけ，ホルブルック特別代表が率いる米国チームと緒方貞子JICA理事長，吉川元偉アフガニスタン・パキスタン担当大使をはじめとする日本側関係者との間では，参加各国からの支援コミットメントの確保に向け，支援国会合前夜や会合の合間を含め様々な機会をとらえて，きめ細かいすり合わせを行った。

最終的に支援国会合では支援コミットメントの目標を達成することができ，アフガニスタン・パキスタン問題において日本のプレゼンス・影響力を確保する上でも成果を収めることができた。

資金力があるに越したことはないが，無い場合にはなおさら外交力が問われる。重要国際課題について，他の国際的プレーヤーを巻き込み，負担と責任を分かち合いつつも，望ましい方向づけをしていく主導権を発揮する上で，国際会議の主催は有力なアプローチである。日本の convening power が問われる問題でもある。

4　様々な経済協力

以下では，様々な切り口から，日本と東南アジアの経済協力について触れる。

（インフラ整備）

長年にわたり，日本は東南アジアで道路，橋，鉄道，空港，港湾，発電所，灌漑施設，上下水道など，様々なインフラ整備を行ってきた。インフラ整備は日本の東南アジア支援の柱であったと言ってよく，いくつかはその国におけるシンボル的存在となっている。

欧米諸国では1980年代に市場原理重視の構造調整アプローチ，1990年代にはその反動で貧困削減重視の風潮があった。前者は「公的資金」の役割に対し，後者は「インフラ整備」に対してネガティブな見方を強め，公的資金によるインフラ整備を主要な柱とする日本のODAはしばしば批判の対象となった。

しかしながら，「貧困削減のためには経済成長が必要」であり，「経済成長のためにはインフラ整備が重要」であり，「インフラ整備では公的資金が一定の役割を果たす」という考えは，東南アジア諸国をはじめとするアジアでは概ね一貫して肯定的に受け止められてきた。そうした考えはおそらくアフリカでも共有されつつあると思われる。

経済成長のボトルネックを解消するためというインフラ整備の基本目的は変わらないにせよ，その態様は時代，地域によって変わってくる。東南アジアの近年の傾向についていえば，都市化に伴う関連インフラ（公共交通，上下水道，廃棄物処理等）へのニーズが増大し，資金協力の形態も官民連携など多様化している。環境意識の向上に伴う実施手続き（環境ガイドライン）の厳格化の傾向も見られる。

筆者が在勤したフィリピンは，公共交通インフラの有り難みを逆説的な意味で体感できる場所である。マニラ首都圏（メトロ・マニラ）には，東京23区より少し広い地域に千数百万人が住んでいるが，地下鉄，首都高速道路に相当するインフラは無く，鉄道網も極めて信頼性が低い。このため交通手段は車が中心となるが，街のあちこちに一般車両の出入りを制限するビレッジ（高級住宅街）が点在するため，大量の乗用車，バス，ジープニーが一般道に溢れ，恒常的な大渋滞と大気汚染を引き起こしている。通勤や面会先への往来において，ほとんど動かない車の中で一日数時間過ごすことはザラである。交通渋滞は東南アジアの大都市で共通する問題といえる。

フィリピンのドゥテルテ政権は“Build, Build, Build”のスローガンのもと，他の東南アジアの国々に比べて出遅れていたインフラ整備に乗り出した。日本もこれに呼応し，2017年1月の安倍総理大臣のフィリピン訪問の際，ODAと民間投資を合わせ5年間で1兆円の資金協力を表明した。日比両国の経済チームからなる経済協力合同インフラ委員会を設置して，定期的に協力案件の特定や実施の進捗管理を行っている。中でも，マニラ首都圏の交通渋滞解消のための地下鉄はフラッグシップ・プロジェクトの一つであり，ケソン市からマニラ空港をつなぐ地下鉄路線の建設に2019年に着工し，現政権の任期が終わる2022年半ばまでの一部開通を目指している。

マニラ首都圏ではまた，既存の都市鉄道（MRT）のリハビリが新たな協力案件としてクローズアップされた。もともと，マニラのMRT 3号線は日本企業が運行管理を委託されていたのが，前政権の時に突如契約が打ち切られた後トラブルが多発するようになり，また規格に合わない中国製車両が多数調達，放置されるといった不祥事も発生していた。現政権になって改めて日本企業の復帰に強い期待が寄せられるようになり，それを後押しするためODAで施設のリハビリを行うこととなったのである。実施機

マニラ MRT３号線

出典：三菱重工

関のガバナンスに起因する問題であるが，日本ブランドに対する根強い信頼を示す事例ともいえる。

（インフラ整備における援助の質について）

ここで，インフラ整備における「援助の質」をめぐる議論について少し触れておきたい。

援助の質をめぐる議論において，「有償か無償か」という資金の性格，また「タイドかアンタイドか」という調達条件が前面に出て論じられることには違和感がある。インフラ整備における援助の質は，あくまでインフラそのものの質，すなわち整備されたインフラが企図された効果を発現しているか否かで判断されるべきである。「無償・アンタイド」であれば質が高く，「有償・タイド」であれば質が低いということにはならない。

「有償か無償か」は，援助資金が限られる中で，相手国の債務負担能力を考慮しながら，様々な資金ニーズにいかにマッチングさせるのが最適かという観点で判断されるべき問題である。無償でできた橋や道路が有償でできた橋や道路より質が高いというわけではない。債務負担能力のある国に対して無償でインフラ整備をするよりも有償で手当てし，浮いた資金余力を別のインフラ整備に振り向けた方が，限られた援助資金の活用という点では望ましい。

一方，「タイドかアンタイドか」は，援助をする側の国内でのODAに対する支持を得る観点から，自国企業の参画を確保する手段としてタイドを活用するか否かという問題である。タイドかアンタイドかはインフラの質とは異なる問題だが，コストには関係し得る。一般にアンタイドで競争促進する方がコストを抑えられるからである（いわゆる「安かろう悪かろう」といった問題を防止するためには技術条件を設定すればよく，タイドを正当化する根拠としては弱い）。他方，ODAも公的資金である以上，援助国内での政治プロセスと無縁ではありえず，自国企業が参画できるか否かは重要な論点である。このため，アジア金融危機以降，日本は特別円借款，その後継の本邦技術活用条件（STEP: Special Terms for Economic Partnership）での借款により，タイド借款の比重を増やしてきた。

もっとも，自国企業の参画を確保する手段としてタイドという手法が最適か否かは，きめ細かく考える必要があろう。特に，無償資金と異なり，返済義務がある有償資金の場合は，返済負担を負う借入国の利害に加え，他の援助国との競争条件の公平性や借入国の債務持続性を確保するためのマルチのルール（OECD 公的輸出信用アレンジメント，DAC アンタイド化勧告）との関係，既存のマルチのルールに縛られない新たな援助国（中国等）の存在も絡み，より複雑な問題となる。

本来は，日本の ODA プロジェクトという限られたパイのみならず，より大きな世界の援助プロジェクトのパイにおいて日本企業の参画を狙っていくのが正攻法であろう。アンタイドの国際競争入札が原則の国際機関による調達において，日本企業が優位を持ち，持続可能な開発目標（SDGs）に貢献できる技術・製品の採用を働きかけてグローバル・スタンダードを目指したり，日本企業の積極的な応札を支援したりするのは一つのやり方であろう。

（人材育成）

人材育成も，早い段階から日本が東南アジアとの間で重視してきた分野である。

その先駆けと言えるのは，戦時中，日本が占領下の東南アジアから有為な人材を日本に招聘，教育を行なった南方特別留学生制度であろう。現在のインドネシア，マレーシア，シンガポール，ブルネイ，フィリピン，タイ，ミャンマーから 1943 年に 116 人，1944 年に 87 人の若者が招聘され，日本各地の専門学校，高等学校や帝国大学で学んだ。「大東亜共栄圏」の下での行政を円滑に行うとの日本の思惑もあったに相違ないだろうが，終戦後は留学生たちの多くが母国への帰国後に各界で指導的立場につき，また日本との特別なつながりを持ち続けたことも事実である。元留学生の中には，ペンギラン・ユソフ氏のように，のちにブルネイの首相に上り詰めた者もいる。また，陸軍の特務機関「南機関」が，ビルマ建国の父アウン・サン将軍やネ・ウィン将軍ら三十人のビルマ人青年（「三十人の志士」）を訓練してビルマ独立義勇軍創設を支援したのも，（日本軍のビルマ方面の軍事作戦上の狙いはあるにせよ）一種の人材育成と言えなくもない。この南方特別留学生や三十人の志士たちの証言を読むと，20代という多感な時期に日本で過ごしたことが如何に彼らのその後の人生，対日観に影響を与えているかが良く分かる。

筆者自身，南方特別留学生OBの方に一度だけ会ったことがある。1995年夏に初めてミャンマーに出張した際にヤンゴンで会った，長年外国報道機関の記者をしていたジャーナリストのセイン・ウィン氏である。当時はアウン・サン・スー・チー女史が自宅軟禁から解除され，ミャンマーの情勢が大きく変わるのではないかとの期待が高まった時期である。日本大使館のアレンジで自宅を訪問し，ミャンマーの内政や日・ミャンマー関係について色々話を聞いた。セイン・ウィン氏は笠智衆のような穏やかな風貌だが，政府批判で三度も投獄されただけあって芯が強い印象で，頭脳明晰な話しぶりは，戦前生まれの日本のインテリのお爺ちゃんという感じだった。同じ出張の際に訪れたヤンゴンの軍事博物館では，中央の奥まったところに建国の英雄アウン・サン将軍とネ・ウィン将軍の二人の大きな肖像画が掲げられていた。南機関に訓練を受けていた当時,「高杉晋」という日本名を持っていたネ・ウィン将軍は当時まだ存命だったが，表舞台からは退いており，軍事政権の闇将軍のような存在だった。反政府ジャーナリストと闇将軍。いずれも彼らが20代の頃に日本と深くかかわった人物だと思うと感慨深い。

戦後は，賠償協定の枠組みで留学生を受け入れることもあった。インドネシアの経済閣僚を長年務め，日本との縁も深いギナンジャール氏は，日本とインドネシアの賠償協定の下での留学生の一期生である。人材育成・人的交流の重要性を唱えた「福田ドクトリン」の後，日本がODA大国となった1980年代後半から1990年代にかけては，国費留学生，留学生借款，留学生支援無償など様々な制度が拡充された。とりわけ，東南アジアとの関係で大きな役割を果たしたのが留学生借款である。代表的なものとしては，様々な行政分野で高度な知識・技能を持つ政府職員の育成のための日本留学を支援するインドネシア高等人材開発事業（PHRDP: Professional Human Resource Development Project）と，産業人材育成のため日本の理工系大学への留学を支援するマレーシアの高等教育基金借款（HELP: Higher Education Loan fund Project）がある。

2000年代に入ってからは，ASEANとの連携による人材育成支援のネットワーク化が見られる。「ASEAN工学系高等教育ネットワーク」（AUN/SEED-Net）は，ASEAN10カ国の19の工学系大学と日本の11の支援大学のネットワークを構築するものであり，これまで若手教員の育成や共同研究による研究の質の向上などの成果をあげている。

（法制度整備支援）

ハード・インフラのみならずソフト・インフラである法制度の整備は，東南アジア，中でも冷戦後に種々の改革に取り組み始めたインドシナ半島の国々にとって重要な課題であった。

日本は，1990年代半ばから，ベトナム，カンボジア，ラオス，ミャンマー，インドネシア，東ティモールにおいて法制度整備支援を行ってきた。具体的には，民法・民事訴訟法など基本法令の起草支援や，法令を運用する司法関係機関の制度整備支援，法曹実務家の人材育成支援などである。各国の法制度は，その国の歴史，文化，生活習慣に根ざしており，これらの国々が日本との一定の共通性・親和性を有していることも支援の背景にあったと言える。

（環　　境）

地球温暖化問題の国際交渉の担当課長だった2010年～2012年の頃，国連でのグローバルな交渉と並行して特に力を入れたのが，東南アジア諸国との関係構築であった。背景にあった問題意識は，一つには国連での枠組み交渉における仲間づくり，もう一つは，実際的な温暖化対策の推進である。

国連交渉においては，欧州，アフリカ，中南米といった地域グループに比べてアジア諸国はまとまりがなく，個別の国は別にしてもグループとしての存在感はあまりない。このような場では，議論は往々にして環境原理主義的なアプローチが幅を利かせ，「経済と環境の両立を如何に図るか」といった論点は脇に追いやられてしまう。とりわけ，温暖化対策における原子力発電や市場メカニズムの活用には冷淡な雰囲気が強かった。

しかしながら，経済を抜きにして環境に必要な援助も持続的に確保できない。そのための柔軟なルール作りにおいてアジア，とりわけ東南アジア諸国は有力なパートナーになると考えた。

この時，日本が提案したのは，「二国間クレジット制度（JCM: Joint Credit Mechanism）」という，低炭素技術の活用による CO2 削減を日本と対象国との削減貢献分として認め合う仕組みである。国連におけるクリーン開発メカニズム（CDM: Clean Development Mechanism）を補完するものとして提案したのであるが，日本だけが主張しても国際ルールにはならない。パートナー国との間で二国間の枠組みを作り，それを広げて国連のルールにリンクさせなくてはならない。そのためのパートナー国の候補先として東南アジア諸国（インドネシア，タイ，ベトナム，ラオス，カンボジア，ミャンマー）に足を運んでコンセプトの説明を行ったのである。特に COP13 議長国を務めたインドネシアとは，ユドヨノ政権下の大統領府で気候変動問題を担当していたプルノモ大統領補佐官との間で二国間文書の雛形作りのための集中的な協議を行った。

加えて，こうした柔軟なルールづくりのアプローチについてアジア諸国の中で共通認識を醸成するため，「東アジア低炭素成長パートナーシップ対話」を東アジア首脳会議（EAS）の枠組みの下で数回開催した。

二国間クレジット制度の仕組み

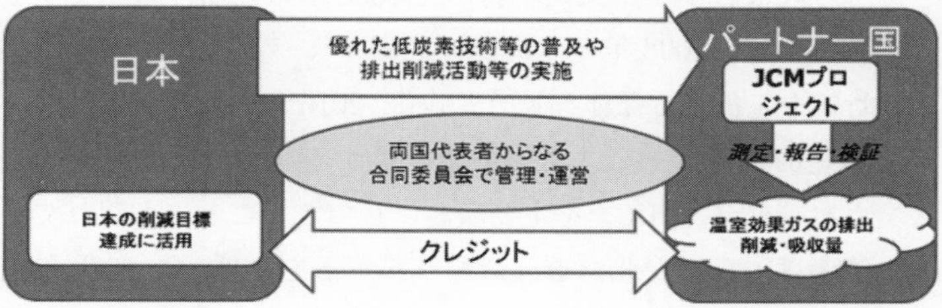

出典：外務省

この二国間クレジット制度および東アジア低炭素成長パートナーシップ対話については，拙著「環境外交：気候変動交渉とグローバル・ガバナンス」でも紹介している。これまでに，第1号のモンゴルを皮切りに，東南アジアの7カ国（ベトナム，ラオス，インドネシア，カンボジア，ミャンマー，タイ，フィリピン）を含む17か国と二国間文書を結んできた。こうした取り組みも背景に，2015年に国連で採択されたパリ協定でも市場メカニズムを柔軟に認める形となっている。

なお，2011年から12年にかけて集中的に行ったこの二国間クレジット制度の構築に向けた協議プロセスで10数年ぶりに再訪した東南アジア諸国の首都は，どこも経済発展とともに都市化が著しく進んでいた。公共交通システムや廃棄物処理，エネルギーインフラへの投資の必要性を実感したところである。

（保　　健）

保健分野の国際協力は，日本の ODA の主要な柱であり続けてきた。それは日本が議長国を務めた2000年の九州沖縄サミットで感染症対策，2008年の北海道洞爺湖サミットで母子保健と感染症対策を包摂する保健システム強化，2016年の伊勢志摩サミットで基礎的保健サービスを幅広く提供するユニバーサル・ヘルス・カバレッジ（UHC）を主要議題にしてきたことにも現れている。筆者は，日本が北海道洞爺湖サミットを主催した2008年頃に短期間だが国際保健協力に関わったが，この分野での東南アジア諸国との協力の大きな可能性を認識した。

日本と東南アジア諸国のあいだには長い保健協力の伝統がある。三大感染症（マラリア，エイズ，結核）やポリオ，デング熱など感染症対策の協力は東南アジア各国で行ってきた。母子保健では，インドネシアで日本の制度をモデルにした母子保健手帳制度を普及させた事例がある。近年では，フィリピンにおける違法薬物対策支援のため，薬物依存症治療施設における治療プログラム改善のための技術協力も行っている。

日本が東南アジアから学ぶケースもある。医療ツーリズムの先進国であるタイは国際保健分野で独自の存在感を示してきた。タイ政府は，タイ公衆衛生学の父とされる故プミポン国王の父君の名を冠したプリンス・マヒドン賞により国際保健で貢献のあった人物を顕彰するとともに，授賞式に合わせて世界の保健分野の関係者を招いた国際会議を毎年主催している。筆者もこの国際会議に一度だけ参加したが，大いに刺激されるところがあった。プリンス・マヒドン賞は日本の野口英世アフリカ賞のモデルの一つでもある。また，バンコクでは，家族計画や性感染症防止の啓発活動を行うNGOが運営する“Cabbages and Condoms Restaurant”というレストランも訪れた。一見普通のタイ料理レストランだが，店内一杯に世界各国のコンドームが飾られており，お土産にコンドームを一つくれる，大変ユニークな試みを行っている。

最近では，アジア健康構想の下，介護人材の育成，ユニバーサル・ヘルス・カバレッジ，非感染症疾患（Non Communicable Disease）といった分野での日本と東南アジアとの協力が進められている。

2020年初めより世界を襲った新型コロナウィルスは，各国の外交にも多大な影響をもたらした一方で，新たな協力の可能性の目も出ている。4月にテレビ会議形式で行われたASEAN＋日中韓の首脳会議においては，安倍総理大臣より新たな日・ASEAN協力案件として，ASEAN感染症センターの設立を提唱したところである。

（防　災）

日本は，これまで3回の国連防災会議を横浜（1994年），神戸(2005年)，仙台（2015年）で主催し，防災分野での国際的議論をリードしてきた。

日本と東南アジアはいずれも地震，津波，台風，洪水，火山等の自然災害頻発地域である。記憶に残る主だった災害だけでも，1991年のフィリピン・ピナツボ火山噴火，1995年の阪神淡路大震災，2004年のスマトラ島沖地震・インド洋津波，2011年の東日本大震災，2013年のフィリピン中部の台風ヨランダが挙げられる。防災協力は日本と東南アジアの重要な協力分野である。

防災協力では，災害発生前の体制（制度・インフラ・人材）づくりやリスク把握，災害発生時における緊急時対応，災害発生後の復旧・復興支援など，いくつかのフェーズがある。

ASEANはスマトラ島沖地震後の2005年，ASEAN域内の防災緊急時対応協定を作成し，2011年に同協定の下での連絡調整機関としてASEAN防災・人道支援調整センター（AHAセンター）を設立した。日本はこのAHAセンターの能力向上のため，アドバイザーの派遣や，機材・備蓄物資の供与，災害リスク管理に関するデータベース整備などの支援を行ってきている。

また防災協力では，災害発生時における各国の軍事組織が果たす役割に鑑み，軍民連携が欠かせない。この点は，2011年の東日本大震災の際の自衛隊及び在日米軍の活動や，2013年のフィリピンの台風ヨランダの際，日本からODA（緊急援助，復旧復興）による支援と合わせ，自衛隊統合部隊が各国軍隊と連携して救援活動にあたった例からも容易に理解されよう。ARFやADMMプラスの下でも，ASEAN及び域外国の軍民関係者を交えた人道支援・災害復旧（HADR: Humanitarian Assistance and Disaster Relief）の実働演習を行なってきている。

（人の移動）

今後，重要性が高まることが見込まれ，日本と東南アジア諸国との間での相互補完性が高い分野である。

人の移動は，2000年代半ばに日本とフィリピン，インドネシアとの間で経済連携協定（EPA）を結んだ時，その枠組みに基づく看護師，介護士の受け入れが大きな論点となった。当時の日本側の認識は，看護師，介護士とも国内で十分人手は足りているが，国際協力の大義名分のため，厳格な条件の下で一定数の受け入れを認めても良いという，やや「上から目線」の姿勢だったように思われる。

その後10年以上が経ち，日本社会の高齢化，人手不足は更に進んだ。マニラ在勤中は，フィリピンを訪れる日本各地の自治体・企業関係者からは，過疎化対策，人手不足解消策を進めたいとの切迫感が感じられ，フィリピンの海外人材に対する強い期待を寄せられることが多かった。

すでに，日本社会における在留外国人の中で東南アジア諸国の存在感は高いものがある。2019年末時点での在留外国人の国籍別内訳において，上位10カ国のうち4カ国は東南アジア（3位ベトナム，4位フィリピン，7位インドネシア，10位タイ）であり，この4カ国合計で全体の約27.8%となり，1位の中国（27.7%）を上回っている。

このような中，日本側において新たな在留資格「特定技能」の創設という重要な動きがあった。14分野で「特定技能」を有する人材に対し，新たな在留資格を付与するものである。2018年

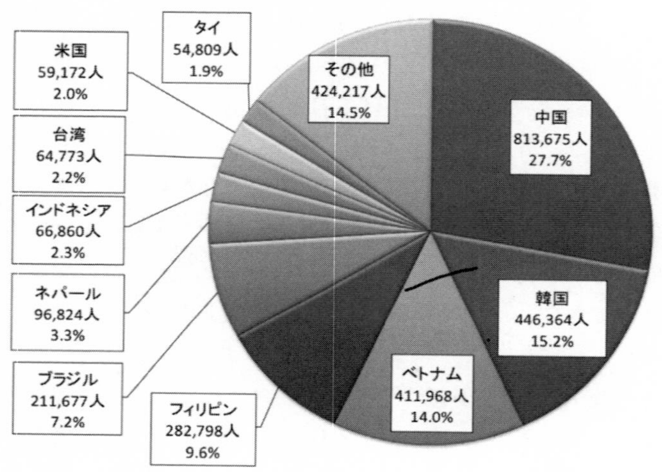

出典：法務省・出入国在留管理庁

夏に基本方針が示され，同年秋に改正入管法が成立，2019 年 4 月から制度実施という非常にスピーディな動きであった。制度の実施に先立ち，2019 年早々から日本と送出国との協力覚書の交渉が突貫工事で行われ，東南アジアでも 6 カ国（フィリピン，インドネシア，ベトナム，カンボジア，タイ，ミャンマー）との間で覚書が締結されている。「特定技能」の初年度（2019 年度）実績は約 4000 人，約 85％がこの東南アジア 6 カ国の出身である。様々な事情により低調な滑り出しとなり，新型コロナによる人の移動制限の影響も免れないであろうが，中長期的には利用は増大するものと思われる。

コラム1 日本のODA

日本の経済協力を語る上で欠かせないのが，その原資となる公的資金の役割である。公的資金には，「政府開発援助」（ODA: Official Development Assistance）と，輸出信用や政府系金融機関による直接投資，国際機関に対する融資などの「その他公的資金」（OOF: Other Official Flows）がある。ここでは，日本のODAの仕組みと歴史を簡単に振り返っておきたい。

ODAには大きく分けて日本から対象国に対して直接行う二国間協力（バイ）と，国際機関への拠出を通じて行う協力（マルチ）がある。

二国間協力は，さらに「有償資金協力（円借款等）」，「無償資金協力」，「技術協力」の3つに分けられる。有償資金協力（円借款等）は政府からの出資金及び財政投融資等を原資として長期低利の融資や出資を行うものであり，一定の返済能力のある国における大規模経済インフラ向けである。アジアを主たる支援対象としてきた日本のODAはこの有償資金協力の比重が高いのが特徴である。無償資金協力は返済義務のない資金により，様々なセクターの小規模インフラ整備や食料援助，緊急人道支援を行うもので幅広い国が対象となる。技術協力は日本から専門家を派遣したり，途上国から研修員を受入れたりする協力である。

これら各スキームの実施体制については，長年にわたり，有償資金協力（円借款等）は海外経済協力基金（OECF），無償資金協力は外務省，技術協力は国際協力事業団（JICA）が担当する体制が続いたが，1990年代以降，行政改革の流れの中で，様々な変遷を経てきた。まず，OECFは一時，日本輸出入銀行と統合されて国際協力銀行（JBIC）となったが，のち分離されて円借款部分がJICAと統合された。また無償資金協力の実施も大部分が外務省からJICAに移管された。したがって，現在では，ODAの３つのスキームの実施機能がJICAに統合されており，名称も国際協力機構に改められている。

また，政府レベルでは外務省がJICA，無償資金協力及び国際機関関連のODA予算を所管するとともに，ODA政策全般について調整的役割を果たすことで，外交のツールとしてODAが実施されることを確保する形となっている。外務省では，かつては有償資金協力，無償資金協力，技術協力とスキーム別に課が編成されていたが，国・地域別に改められている。他省庁では，財務省が世界銀行など開発金融機関関連予算，その他省庁が各専門分野での技術協力予算を担っている。現地では，日本大使館が中心となってJICA事務所や国際機関事務所，民間企業，NGOと連携しつつ，相手国政府との間で案件の形成，実施を行っている。

日本のODAは1970年代後半から日本の経済大国化とともに増大し，開発援助委員会（DAC）の統計ベースで1989年に世界第１位となり，1991年から2000年まで10年間世界第１位の座にあった。その後，バブルの崩壊，日本経済の停滞により日本のODA予算は1997年以降減少を続け，現在はDAC統計ベースでも，米国，ドイツ，英国に次ぐ世界第４位にとどまっている（DACメンバー国でない中国はこの中には含まれていない）。

日本のODA予算の推移（1978年度～2020年度一般会計当初予算ベース）

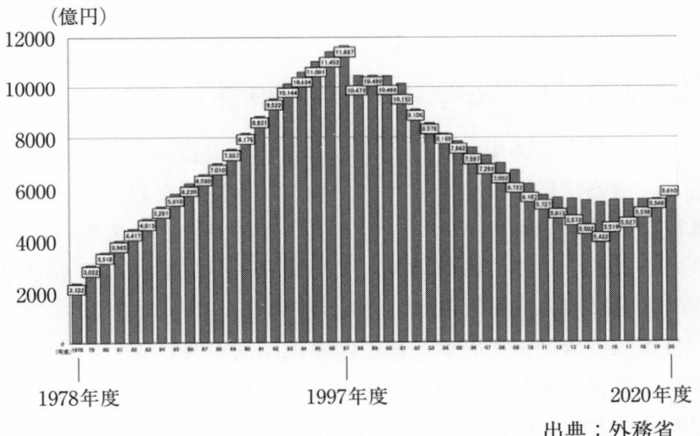

出典：外務省

もとよりODAの量だけが重要なのではなく，質を高める努力は重要である。増大する支援ニーズに応えるため，民間資金との連携や，各国との援助協調が重要であることは言うまでもない。しかしながら,質ではカバーしきれない量の問題はある。現在，中国の「一帯一路」構想が存在感を放っているのはひとえにその「量」故であるし，その「質」が今後，改善していく可能性も排除できない。また，民間資金や各国との連携において主導権を発揮する上で一定のODAの量は欠かせない。日・メコン協力や，アフリカ開発会議（TICAD），太平洋・島サミット（PALM）など日本がこれまで打ち出してきたイニシアティブが，日本がODA大国として「量」を確保していた1990年代に始まっているのは示唆的である。これらのイニシアティブがモメンタムを維持できるかは日本がODAの量を維持，増大できできるかにかかっている。

コラム２　東南アジアにおける橋と鉄道

交通インフラの中で代表的なものといえば道路，橋と鉄道である。道路は最も歴史が古く普遍的なインフラだが，橋と鉄道は技術の粋を集めたシンボル性が高いインフラとして独特の訴求力がある。ここでは東南アジアの橋と鉄道における日本の関与の歴史について少し触れてみたい。

日本は東南アジアの橋と鉄道の建設に長年関わってきた。

第二次世界大戦中の負の歴史として知られるのが，泰緬鉄道である。大戦中期に日本軍が制海権を失う中で，ビルマ戦線の内陸での補給線確保のため，突貫工事で建設された。工事に駆り出された連合軍捕虜・現地労務者が多数犠牲となり，その責任を問われた日本軍将兵が戦後 BC 級戦犯として処刑された。路線の一部であるクワイ川にかかる橋はタイ国内のバンコクから西に約 130km の町カンチャナブリにあり，映画「戦場にかける橋」の舞台となった。ビルマ（ミャンマー）の南方特別留学生は，この橋を渡ってタイ経由で日本に渡ったそうである。大戦末期に橋の中央部が爆撃で破壊され使用不能となった。戦後ビルマ側路線は撤去されたが，タイ側路線はタイ国鉄が引き継ぎ，橋は日本からの準賠償により再建された。

筆者は現地を訪れる機会はなかったが，タイ・ミャンマー出張の際に，両国と日本の関係を知る手がかりの一つとして映画の原作となった小説「クワイ川にかかる橋」（“Bridge on the River Kwai”）の英訳版（原文はフランス語）を携行して読んでみた。著者ピエール・ブールはインドシナで日本軍により拘束された経験のあるフランス人である。

タイ・クワイ川鉄橋

出典：建設コンサルタンツ協会 HP

戦後，日本は ODA により，東南アジア各地で多くの橋を建設してきた。多くはその国におけるシンボル的存在となっている。

よく知られているのが，カンボジアのプノンペンを流れるトンレサップ河にかかる「日本・カンボジア友好橋」（チュルイ・チョンバー橋）である。もともとは 1960 年代に日本の準賠償により建設されたが，1970 年代の内戦で破壊されていた。1990 年代にカンボジア和平が成立し，シハヌーク国王が日本に真っ先に依頼したのがこの橋の修復であった。1995 年に筆者が初めてプノンペンを訪れた際に見たのは，前年に修復されて間もない頃である。日本とカンボジア両国の国旗がひるがえり，カンボジアの紙幣や切手の図案にも採用されたこの橋は，その後のプノンペンの発展を見守り続け，2019年には更に全面改修され現在に至っている。

改修を終えた日本・カンボジア友好橋（左）と記念碑（右）

出典：SankeiBiz HP（2019年4月8日付記事）

フィリピンのレイテ島にあるサン・ファニーコ橋は1970年代初頭に日本の援助で建造された。レイテ島の中心都市であり戦時中日本軍の司令部が置かれていたタクロバン市と隣のサマール島を結ぶ橋である。筆者は毎年10月に行われるレイテ慰霊式典に参加した際に現地を訪れたが，大変優美なデザインの橋である。1970年代のフィリピンの地方都市になぜこんな立派な橋をと思ったくらいだが，タクロバンが当時の大統領夫人イメルダ・マルコスの出身地であることによるとの説もある。現在のフィリピンの経済発展からすれば結果的には十分意義のあるインフラ投資だったと言えよう。2013年秋にこの地を襲った台風ヨランダは甚大な被害をもたらしたが，サン・ファニーコ橋はびくともしなかった。レイテ島の空港には橋の大きな写真が掲げられ，街の観光案内や土産物のデザインにも用いられるなど，マッカーサーの銅像と並んでレイテのシンボルとして定着している。

フィリピン・サン・ファニーコ橋

出典：筆者提供

タイ・ラオス国境のメコン川にかかる第二メコン国際橋は，筆者が有償資金協力課にいた2001年に円借款の供与を決定した。タイとラオスにそれぞれ折半して円借款を供与するという，国境をまたぐ初の円借款事業である。完成した橋は，インドシナ半島の東西経済回廊の要のインフラとして大きな役割を果たしている。

＊　＊　＊

橋の建設が戦後早い段階から案件として数多く出てきたのに比べ，鉄道案件が出てきたのは比較的最近である。背景には，相手国の経済発展・都市化の進展と共に大都市部での渋滞緩和のための公共交通インフラとして地下鉄あるいは都市鉄道

(MRT) や, 主要都市の間をつなぐ高速鉄道のニーズが高まったこと, 日本側も日本企業が技術優位を持つインフラ輸出を進めるため, ODA 案件として積極的に取り上げてきたことが挙げられる。

日本の ODA はアジアの主要都市における地下鉄プロジェクトに貢献してきた。インドのデリー・メトロはその最も知られた成功例である。東南アジアでは, バンコク, ジャカルタ, マニラでの地下鉄案件に様々な形で関与しており, バンコク, ジャカルタでは既に運行開始している。マニラではドゥテルテ政権になって地下鉄の導入が本格化し, 2019 年に着工, 大統領の任期が終わる 2022 年半ばまでの部分開通を目指している。

ジャカルタ地下鉄の車両（左）と開通式で改札を通るジョコ大統領（右）

出典：JICA

鉄道は, 単なる援助案件というより, 土木工事, 車両, 運行システムなど複数の要素・企業が組みあわさった一大ビジネス・プロジェクトとしての側面が強い。売込み国同士の競争, あるいは売込み国側と導入国側との駆け引きは熾烈であり, 官民が連携して取り組まないと案件獲得はおぼつかない。

近年話題になった事例としては，インドネシアのジャカルタ～バンドン間の高速鉄道案件で，中国側が破格のファイナンス条件を提示して日本に競り勝ったケースが挙げられる（もっとも，土地収用の問題等により進捗は芳しくないともされる）。日本がプロジェクトの主要部分を逃したケースは，以前にもバンコクの地下鉄（ブルー・ライン）案件で起きた。土木工事が日本の円借款でファイナンスされた同プロジェクトでは，車両及び運行システムに日本企業を含む複数の企業連合が応札していた。一旦は，日本とフランスの企業連合が優先交渉権を獲得するも，別の欧州企業に巻き返され受注を逃してしまう。土木工事部分を円借款でファイナンスしながら，visibilityの高い車両・運行システムが日本企業以外の企業が落札する結果になったことは大変気まずいものであった。このエピソードは，漫画ゴルゴ13の第486話「歪んだ車輪」の題材にもなったとされている。

なお，その後，バンコク都市鉄道の別路線（パープル・ライン）では日本企業の車両・運行システムの参入が認められた。現在，マニラで実施中の地下鉄案件も，土木工事と車両・運行システムを含めた全体が本邦技術活用条件（STEP）の円借款でカバーされ，日本企業が実施する形となっている。

第3章
安全保障

日 ASEAN 防衛協力における護衛艦乗艦プログラム（出典：防衛省・自衛隊）

1　南シナ海問題

(「遅れてきた大国」中国)

過去の歴史において，南シナ海を「我らの海（マーレ・ノストルム）」として単独で支配した国はなかった。20世紀初頭の南シナ海沿岸には大陸沿岸部（清），台湾（日本），フィリピン（米国），インドシナ（仏），マレー半島及び北ボルネオ（英）と，それぞれ異なる政治勢力が存在していた。唯一の例外とも言えるのが，ごく短期間であるが，これらの地域一帯を一手におさえた第二次世界大戦中の大日本帝国であるが，戦争終結とともに駆逐された。

戦後は，アメリカが圧倒的プレゼンスを持ちつつもベトナム戦争，冷戦終結を経て低減，代わって中国のプレゼンスが増大し，現在に至っている。

中国がいわゆる「九段線」なる主張を始めたのは1950年代初めと言われるが，戦後20年以上の間，南シナ海における中国の実際の活動は他国に比べて必ずしも活発ではなかった。国内の混乱も背景にあったかもしれない。今でも南シナ海スプラトリー（南沙）諸島における最大の地形である太平島は台湾が，2番目に大きいパグアサ島はマルコス政権時代よりフィリピンが事実上支配している。

「遅れてきた大国」である中国が海洋での活動を活発化させたのは1970年代に入ってからである。ベトナム戦争終結後，米国が南ベトナムから撤退したことで，力の空白が生じたのを受け，

1970年代半ばに中国はパラセル（西沙）諸島をベトナムとの軍事衝突の上，奪取した。なお，東シナ海でもそれまで全く行ってこなかった尖閣諸島の領有権主張を一方的に始めたのも，1960年代末に海底エネルギー資源の可能性を示す国連報告が出た後の1970年代に入ってからである。

1989年の天安門事件の後，1990年代において中国は国際的孤立からの脱却を目指していたものの，海洋での活動が止まることはなかった。1992年には南シナ海の島々や東シナ海の尖閣諸島の領土への編入を明記した領海法を制定した。1995年には，フィリピンからの米軍撤退後の力の空白を埋める形で，ミスチーフ礁を奪取，漁船の待避施設と称した構築物を建設した。この動きは当時のフィリピン政府（ラモス政権）に大きな衝撃を与え，その後の国軍近代化計画を促す契機となった。ミスチーフ礁の事案は当時，日本を含む国際社会でも認識されていたが，ASEAN関連会合等での国際場裏では，現在ほどには大きく取り上げられていなかったように記憶する。1990年代半ば，南シナ海の問題は，北朝鮮の核開発疑惑や，中国による台湾海峡でのミサイル発射事案とともに，この地域の不確実性を構成する要因の一つとして認識されており，まさにそうした不確実性に対処するための日米同盟強化の作業がなされていた。一方，中国については，天安門事件後の国際的孤立を脱し，WTO加盟を目指す中でいずれは国際社会に建設的パートナーとして参加し，こうした問題も解決されるのではないかとの期待もあった。ASEANとの関係でも，ミスチーフ礁事案発生の翌1996年のASEAN関連会合から中国が

ASEAN の完全な対話国として受け入れられたのには，こうした期待が背景にあったかも知れない。しかしながら，こうした期待は裏切られ続けることになる。

2000 年前後には，東シナ海にて中国調査船が日本の排他的経済水域内において無断で調査活動を行う事案が頻発し，日本の対中世論が厳しくなり，それまで行ってきた巨額の対中 ODA の見

南シナ海

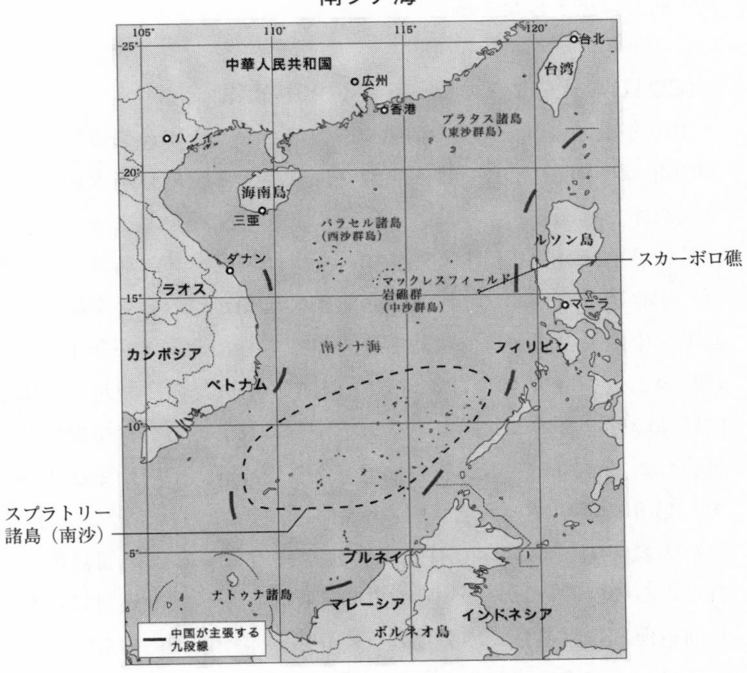

出典：小学館

直しが進む一因となった。尖閣諸島近海には活動家の船舶や漁船が時折領海に侵入するようになり，2008年末には初めて中国公船が尖閣諸島領海に侵入する事案が発生した。

さらに2010年9月には，尖閣諸島周辺の我が国領海内で中国漁船と海上保安庁の巡視船が衝突する事件が発生した。

南シナ海においては，2002年にASEANと中国の間で南シナ海に関する行動宣言（DOC）が策定されたが，中国による現状変更の活動は止まらなかった。

（2010年代にエスカレートする中国の活動）

2010年前後より，中国の活動はワンステージ上がることになる。2010年は中国がGDPで日本を抜き，世界第2位の経済大国に躍り出た年でもある。

特に2012年には，南シナ海のフィリピン・ルソン島沖合のスカーボロ礁を巡ってフィリピンと中国の艦船が睨み合いを続けた結果，中国巡視船が比側艦船を締め出してしまう事案が発生した。猛反発したフィリピンは本件をASEAN外相会合に提起し，中国に強い懸念を示す共同声明を出そうとしたものの，対中配慮と思われる議長国カンボジアの采配もあり，ASEAN内がまとまらず，45年の歴史で初めて共同声明が採択されない事態となった。

その数ヶ月後の同年9月には，日本政府による尖閣諸島の民有地からの所有権移転の決定をとらえて中国が公船を連日にわたり周辺海域に派遣して領海侵入を繰り返し，中国国内でも大規模な反日デモが連日行われる事態が続いた。この尖閣事案は筆者が外務省で安全保障を担当する課長に就任した直後に発生し，連日その対応に追われたことを記憶している。

翌2013年のブルネイにおけるASEAN地域フォーラム（ARF）閣僚会合では，日本から出席した岸田文雄外務大臣に陪席して筆者も議論を見守ったが，デル・ロサリオ・フィリピン外相と王毅・中国外相の南シナ海問題を巡る激しい応酬を目の当たりにした。当時南シナ海では，前年のスカーボロ礁事案に加え，セカンド・トーマス礁を巡ってフィリピンと中国が対立していた。セカンド・トーマス礁は，ミスチーフ礁近くに位置する岩礁で，エストラーダ政権以来フィリピンが座礁させた古い艦船に人員を常駐させて事実上支配をしている。フィリピンは中国が同礁の施設への補給を妨害していると厳しく批判していた。

もっとも，同じ時に開かれた中国・ASEAN外相会合において，中国とASEANは懸案だった南シナ海における行動規範（Code of Conduct）の交渉開始に合意した。中国としても国際的批判を意識して，ASEANと交渉をしているという姿勢をとる方が得策と判断したのかもしれない。しかしながら，ASEANと行動規範の交渉を行なっている現在に至るまでの間も，中国による事実上の支配拠点の軍事化は着々と進んできた。

米シンクタンクCSISが運営しているアジア海洋透明性イニシアティブ（Asia Maritime Transparency Initiative）では，南シナ海を含むアジアの海域における状況につき，豊富な衛星写真データを用いながら情報提供・分析を行なっている。それによれば，スプラトリー（南沙）諸島で中国が事実上支配している地形のうち「ビッグスリー」と呼ばれるミスチーフ礁，スビ礁，ファイアリークロス礁ではここ10年間で急速に埋め立てが行われ，滑走路，レーダー・通信施設，ミサイル格納庫などの軍事施設が建設されてきたことがよく分かる。

また，ビッグスリーの中で最大の3000m級の滑走路と大型軍港を持つファイアリークロス礁と，他の４カ国・地域（ベトナム，フィリピン，台湾，マレーシア）の事実上の支配の拠点を比較すると，軍事化のスピードだけでなく，規模でも，中国が圧倒的であ

ミスチーフ礁：2012年（左），2020年（右）

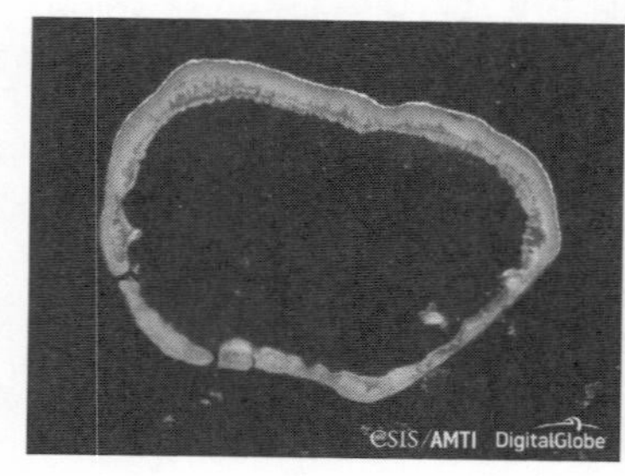

スビ礁：2012年（左），2020年（右）

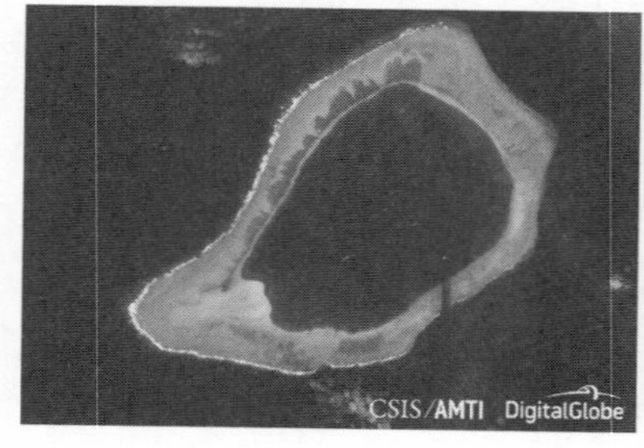

ファイアリークロス礁：2009 年（左），2020 年（右）

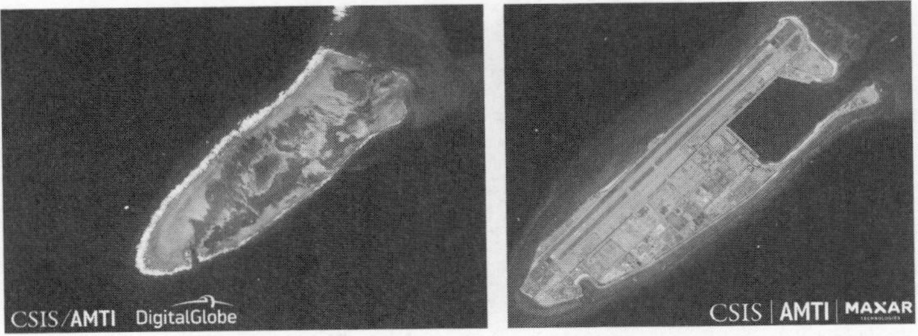

出典：米 CSIS Asian Maritime Transparency Initiative

中国が事実上支配するファイアリークロス礁（右）と他の 4 カ国・地域（ベトナム，フィリピン，台湾，マレーシア）の拠点の比較

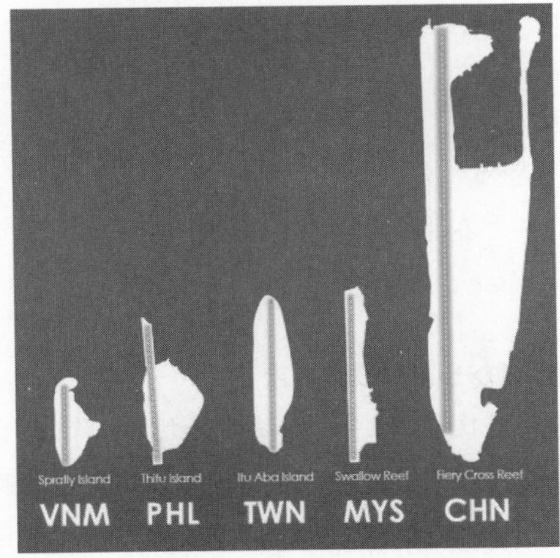

出典：2015 米国防省 Asia-Pacific Maritime Security Strategy Report

ることが分かる。

2　前線国家フィリピンの苦悩：米中の狭間で

南シナ海の沿岸国，すなわち前線国家としてベトナムとともに苦悩してきたのがフィリピンである。歴代のフィリピン政権は，米中両国との間の距離感に腐心し，揺れ動いてきた。

米国とは米西戦争に続く比米戦争，植民地統治による確執はあったものの，第二次世界大戦中は対日戦争を共に戦い，独立回復後は相互防衛条約を結んで長い間同盟関係を築いてきた。一方，中国とは，数世紀にわたる華僑移民の歴史があり（独立運動の英雄ホセ・リサールやアギナルド将軍，歴代大統領のマルコス，アキノとも華僑の血が流れている），マニラの中華街は世界最古といわれる。また，現代でも，華僑系財閥はフィリピン経済において大きな力を有している。もっとも，華僑系といってもアイデンティティはフィリピン人であって必ずしも中国寄りの立場をとっているわけではない。

（マルコス政権からアロヨ政権まで）

マルコス政権時代，フィリピンは南シナ海の島や岩礁において積極的な支配を進めた。現在，フィリピンが南シナ海で事実上支配している９つの島・岩礁のうち７つはマルコス政権時代からのものである（残り２つはエストラーダ政権）。マルコス批判をするフィリピン人有識者からも，この点についてマルコスは先見の明があったとの声を聞く。

冷戦終了と重なったコラソン・アキノ政権時には，上院が比米基地協定延長を不承認としたのに加え，ピナツボ火山の噴火によりクラーク空軍基地が使用不能になったのを機に駐留米軍が撤退し，大きな力の空白を生んだ。これはラモス政権時の1995年，中国によるミスチーフ礁の事実上の支配を招くことになる。この衝撃は，フィリピン国軍近代化計画を進めるきっかけとなり，また，米軍プレゼンスを回復するため，1999年に訪問軍地位協定（VFA: Visiting Forces Agreement）を結ぶことにもつながった。もっとも国軍近代化自体は経済停滞もあり遅々としてしか進まなかった。

アロヨ政権時には特に対中宥和姿勢が目立った。同政権下でフィリピン，中国にベトナムを交えた資源共同開発合意が作成されたが，同合意と外資参入を制限するフィリピン憲法との整合性が問われ，フィリピン最高裁で否決された。

（アキノ政権：比中仲裁裁判と比米同盟強化）

当初，比較的対中宥和的な姿勢をとってきたベニグノ・アキノ政権は，前述の通り2012年にスカーボロ礁事案が発生し，また，南シナ海のリード堆（Reed Bank：フィリピンの排他的経済水域と中国の「九段線」の内側が重なる海域）におけるガス田開発事業を中国側に妨害されるに至り，対中強硬策に舵を切り，国際仲裁裁判に中国を提訴する道を選ぶことになる。

南シナ海問題を巡って，フィリピンが中国を提訴した国際仲裁裁判は，画期的な出来事であった。仲裁裁判におけるアキノ政権内の内幕，裁判の主要論点については，フィリピンの気鋭の女性ジャーナリストであるマリテス・ヴィトゥグ女史の著書“Rock Solid: How the Philippines Won Its Maritime Case against China”に詳しい。同女史が所属するRappler社はドゥテルテ政権に対する厳しい批判で知られるメディアである。筆者はマニラ在勤中に同女史と何度か意見交換する機会があったが，気骨のあるジャーナリストである。

仲裁裁判におけるフィリピン側の主要人物はアルバート・デル・ロサリオ外務大臣とアントニオ・カルピオ最高裁判事であった。裁判にあたりフィリピン政府はワシントンDCにある米国法律事務所（Foley Hoag）を法律顧問に選んだ。同事務所の弁護士ポール・ライクラー（Paul Reichler）氏は，かつてニカラグアと米国が争った国際司法裁判所の案件でニカラグア政府の代理を務め，勝利を勝ち取った人物である。対中ビジネスへの影響をおそれて二の足を踏む法律事務所が多かった中で，フィリピン政府の代理人となった由である。

仲裁裁判に臨むに際して，フィリピン側は法的論点として，あえて領有権問題には立ち入らなかった。裁判で「管轄権なし」として門前払いされるのを避けるためである。論点は仲裁裁判が判断を示せるよう，国連海洋法条約の解釈に絞られた。最大の論点は，中国が主張する「九段線」の正当性と，スカーボロ礁及びスプラトリー諸島の地形が排他的経済水域・大陸棚を形成する

「島」の要件を満たすか否かであった。

仲裁裁判の最終判断はフィリピン大統領選直後の2016年7月12日に出された。

同判断では，中国による「九段線」に囲まれた海域に対する権利を明確に否定した。すなわち，国連海洋法条約上の権原に基づかない中国による「九段線」内の歴史的権利の主張は，同条約に違反するとした。また，スカーボロ礁及びスプラトリー（南沙）諸島におけるいかなる地形も国連海洋法条約上の「島」の要件を満たさず，最大の地形である太平島（台湾が事実上支配）を含め，条約上は排他的経済水域・大陸棚を形成しないとの判断が示された（この判断には当然ながら台湾は猛反発した）。これは非常に重要な意味を持った。なぜならば，スプラトリー諸島の地形の領有権の帰属にかかわらず，フィリピン本島から200海里までの海域では，フィリピンのみが排他的経済水域及び大陸棚に基づく主権的権利を有することになるからである。

仲裁裁判の最終判断はさらに，以下の中国側の国連海洋法条約上の義務違反を認定した。

・ミスチーフ礁における中国の埋立てによるフィリピンの主権的権利の侵害
・大規模埋立て・人工島造成等による海洋環境保護義務の違反
・仲裁手続き開始後の浚渫，人工島建設等による紛争の悪化・拡大
・スカーボロ礁におけるフィリピン漁民の伝統的漁業権の侵害
・スカーボロ礁における中国法執行船の危険な航行による航行

安全に係る義務違反

中国政府は，仲裁裁判の開始から一貫して反対し続け，参加を拒否してきており，この最終判断にも当然猛反発し，同判断は無効で拘束力を有さず，中国はこれを受け入れず，認めない旨を表明した。現在に至るまで仲裁裁判の判断を否定する態度を貫いている。

アキノ政権はまた，比米同盟の立て直しにも力を入れた。その大きな成果が拡大防衛協力協定（EDCA: Enhanced Defense Cooperation Agreement）である。これは，フィリピン国内のいくつかの基地を指定し，訪問軍地位協定に基づき来訪する米軍の使用に供するため，指定基地内の施設を整備し，物資の事前集積を進めることを主な内容としている。米軍のプレゼンスを出来るだけ実効的ならしめるためのものである。もっとも，アキノ政権時の国防予算は十分でなかったとの指摘もある。

（ドゥテルテ政権：対中，対米姿勢の転換）

2016年6月に発足したドゥテルテ政権は，対中関係，対米関係を大きく転換させた。

まず，政権発足直後に出された比中仲裁裁判の最終判断の扱いについては，「一旦脇に置くこととし，任期中にいずれ取り上げることとしたい。」との姿勢に転じた。これは，仲裁裁判を推進してきた多くの人々を落胆させることとなった。

また，アキノ政権の時に冷え切っていた比中関係は急転回を遂げた。ドゥテルテ大統領の中国公式訪問は数回にのぼる。別途，香港には頻繁に私的に訪問する姿が報じられている。中国側からも2017年には李克強首相の公式訪問，2018年には習近平国家主席の国賓訪問があり，多くの経済協力案件が合意された。ドゥテルテ大統領の地元であるミンダナオ島ダバオ市には，長年，インドネシア，マレーシア及び日本の3カ国が総領事館ないし領事事務所を置いてきたが，今や巨大な中国総領事館が突如として出現している。

対照的に，フィリピンと欧米諸国との関係は停滞している。

ドゥテルテ大統領就任後，同盟国である米国への訪問は一度も実現していない。特にオバマ大統領によるドゥテルテ大統領の麻薬取締対策に関する人権侵害批判に強く反発した。2017年のASEAN関連首脳会議の際にフィリピンを訪問したトランプ大統領との会談が，これまでで唯一の対面での比米首脳会談である。豪州，欧州訪問もゼロである。

首脳レベルの比米関係が疎遠な状況は，フィリピン国軍幹部の多くが米国留学組の親米派であり，本来緊密なはずの比米の安保協力関係にも微妙な影を落としている。毎年実施されている比米共同訓練は，規模の縮小が時折取り沙汰されるほか，アキノ政権下で締結された拡大防衛協力協定の実施も停滞が伝えられる。最近では，ドゥテルテ大統領側近の米国ビザ不発給に端を発して訪問軍地位協定（VFA）の廃棄通告が出されるという問題も持ち上がった（その後，南シナ海情勢等に鑑み，この通告は停止されている）。

（比中間における南シナ海問題の行方）

ドゥテルテ政権下で好転したかに見える比中関係の下でも，南シナ海では中国の軍事化の動きが着々と続いている。中国が事実上支配している拠点の上に，飛行場，レーダー，ミサイル格納庫と見られる施設が次々と建設され，飛行場に軍用機が駐機している様子がフィリピン国内ではメディアで大々的に報じられてきた。

軍事化の動きに加え，筆者のマニラ在勤中には，次のような事例が大きな問題として報じられた。

① フィリピンが事実上支配する南シナ海第２の島，パグアサ島には老朽化した飛行場施設があるが，中国が実効支配するスビ礁近くにあることもあり，施設改修のためフィリピン船が近づくのを中国側がたびたび妨害した。

② フィリピンの太平洋側海域（フィリピン海）の排他的経済水域内の海底地形について，中国側が沿岸国フィリピンに無断で情報を収集の上，中国名称を付与し，国際水路機関（IHO: International Hydrographic Organization）傘下の小委員会に提出して国際的承認を得てしまった。

③ ミスチーフ礁上空を飛行したフィリピン空軍機に対し，中国側が威嚇的な呼びかけを行った。同じ頃，米国メディアを乗せた米軍機に対しても中国側が同様の威嚇を行ったことから，その模様が大きく報じられた。

④ リード堆の海上で夜中に停船していたフィリピン漁船が中国船に衝突されて沈没，フィリピン人船員 22 名が海上に投げ出されたが，中国船は救助活動を行わず現場を立ち去った。

スプラトリー諸島（南沙諸島）の海域

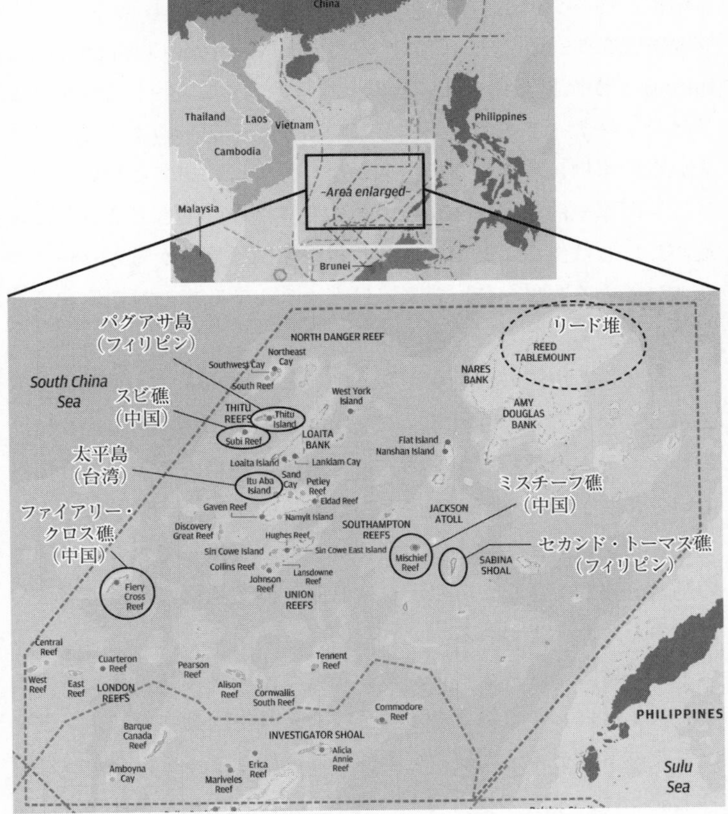

Sources: Asia Maritime Transparency Initiative, US Energy Information Administration, Global Security, Middlebury College. SCMP Graphic: Kaliz Lee, Simon Scarr

出典：South China Morning Post（2015年5月30日付記事）
（一部筆者加筆）

フィリピン人船員は全員ベトナム船に救助された。

中国が南シナ海上の拠点で軍事化を進める様子は，米シンクタンク戦略国際問題研究所（CSIS）の Asian Maritime Transparency Initiative が衛星写真を元に分析を随時発表しており，これをフィリピン・メディアも大きく報じているが，上記①のようなハラスメントの事例は現場からの情報がないと表には出てこない。フィリピン国軍や沿岸警備隊からの公式発表がなくても，こうした報道がしばしば出ることは，これら現場の関係機関からのリークがなされていると思われ，背景にはドゥテルテ政権の対中宥和姿勢への不満があることが推測される。

上記②は，中国の行動が南シナ海にとどまらず，太平洋側にも広がっていることを示すものである。国際水路機関（IHO）は，いわゆる日本海呼称問題をめぐって韓国が独自の主張を繰り広げている場であり，日本にとっては馴染みのある機関であるが，フィリピンは海底名称小委員会にメンバーを出しておらず中国側の動きを察知できなかった。フィリピン外交当局にとって痛恨の出来事だったと思われる。

上記③は，米国メディアが報じたことで，フィリピン・メディアも強く反応した事例である。普段あまり中国批判のコメントを出さないドゥテルテ大統領も本件には反応せざるを得なかった。

上記④は，筆者のフィリピン離任直前の 2019 年６月９日に発生した事案である。発生から２日後にロレンザーナ国防大臣が激烈な中国批判声明を出したことで本件が公になった。これに対してマニラの中国大使館が，中国船は多数のフィリピン船に囲まれ

中国船との衝突後に救出されたフィリピン人船員と
フィリピン漁船の残骸

出典：Philippine Star 紙

たため現場を離れたといった趣旨の発表をしたため，フィリピン・メディアはますます対中批判を強めた。ところが翌週になってドゥテルテ大統領が公の場で「あれは意図的なものではなく海難事故である」と断言したため，それがその後のフィリピン政府の公式見解となってしまう。直後に筆者が離任挨拶で訪れたフィリピン政府高官も，あれは海難事故だったとひたすら大統領見解を繰り返していた。南シナ海で何か問題が起きても，いつの間にかうやむやにされてしまう，これまで何度か繰り返された対処例であった。

2018年11月には習近平国家主席のフィリピン国賓訪問があり，訪問の成果と称される多数の文書が署名，公表された。最も注目された，南シナ海海域のガス田開発に関する覚書については，対中宥和的とされたカエタノ外務大臣（現下院議長）からロクシン外務大臣に交替したこともあり，覚書の文言は，デル・ロサリオ元外相ら現政権に批判的な人達からも評価される（フィリピンの主権的権利を侵さない）内容となった。注目点は，ガス田開発に向けた動きが今後どう具体化するかであるが，双方の主張が重なる海域（中国の「九段線」内側とフィリピンの排他的経済水域が重なる海域）において，中国側がフィリピンの管轄権を認める形（フィリピン政府が権益を与えた会社に出資するか，サブコントラクターとして参入するか）で開発に参画するとは思われず，結局，膠着状態が続くのではないかと推測される。

フィリピン国内で高い支持率を誇るドゥテルテ政権であるが，南シナ海問題に関しては，現政権のスタンスが世論の高い支持を得てきたわけではない。各種世論調査では，フィリピン世論の多数は仲裁裁判判断を支持している。政権支持を考慮するにあたり，雇用や物価などの国内経済問題に比べて外交の比重は低いため，政権の対中姿勢に不満があっても，それは政権批判にはつながってこなかったと言える。

ドゥテルテ政権の対中姿勢を厳しく批判してきたデル・ロサリオ元外相，カルピオ元最高裁判事らは引き続き南シナ海問題で積極的に発言している。カルピオ元判事は，最高裁長官代行を長く務めたが，ドゥテルテ政権に対する歯に衣着せぬ発言が響いたか，最高裁長官に指名されることなく定年退職した硬骨漢である。マニラ在勤中，筆者も何度かその見解を聴取する機会に恵まれた。同判事は自らが積極的に発信する理由として，現政権が仲裁裁判判断をないがしろにするような中国との合意を行って，将来の政権を縛ることのないようにチェックする必要がある旨述べている。また，仲裁裁判判断の内容を前提とした外交的対応（例えば，排他的経済水域が重複するベトナムとの海洋境界画定合意を行う）をするべきといった興味深い提言も行っているが，現政権は反応していない。

2022年の大統領選挙まで残り2年を切っており，ドゥテルテ

カルピオ最高裁長官代行とともに

出典：筆者提供

大統領の再選はない。残りの任期で，ドゥテルテ大統領は，南シナ海問題でどのようなレガシーを残そうとするのか。ポスト・ドゥテルテを狙う候補者達は，どのような対米・対中外交戦略を掲げるのか。中国はフィリピン側にどのような動きを仕掛けてくるのか。引き続き注目する必要がある。

3　日本と東南アジアとの安全保障協力

以下では，日本と東南アジア諸国との安全保障協力について，様々な切り口から紹介する。

（2014年シャングリラ対話における安倍総理大臣演説）

日本と東南アジア諸国との安全保障協力は近年急速に進展している。その全体像を示したとも言えるのが，2014年5月のシンガポールでのシャングリラ対話における安倍総理大臣の演説である。

シャングリラ対話は，英国シンクタンク国際戦略問題研究所（IISS）が主催する各国の安全保障関係者が一堂に会する場である。通例は，各国の防衛大臣，外交・防衛当局者，その他官民の有識者が参加するが，例年ホスト国シンガポール政府の招待により，首脳級が１名キーノートスピーカーとして初日の晩に演説を行う慣例となっている。2014年のシャングリラ対話では安倍総理大臣がキーノートスピーカーとして招待された。当時は，2012年

シャングリラ対話における安倍総理演説

出典：内閣広報室

末の第二次安倍内閣発足以来，国際協調主義に基づく積極的平和主義の下で進めてきた一連の安全保障政策の具体的措置（国家安全保障会議の創設，国家安全保障戦略の策定，防衛装備移転三原則の策定，安保法制懇談会の最終報告）が着実に進められていた時期であり，これらの政策を内外に丁寧に説明を行っていた時期である。シャングリラ対話での安倍総理大臣の演説は，日本の安全保障政策をハイレベルで国際社会に説明する絶好の機会であった。

会場のシャングリラ・ホテルは，第1章で紹介した17年前に橋本総理大臣が演説を行ったのと同じ場所である。当時は担当課長補佐，今回は担当課長として総理演説作成作業に関与し，同じ現場に立ち会うという奇縁を感じた。安倍総理のスピーチライターである谷口智彦内閣官房参与が進める演説起草作業に，日本の安全保障政策の中でも特に東南アジアに関連して発信すべきメッセージの素材を提供していった。

この演説で安倍総理は，海における法の支配の重要性と南シナ海問題について，以下のように触れている。

「海における法の支配とは，具体的には何を意味するのか。長い歳月をかけ，われわれが国際法に宿した基本精神を３つの原則に置き直すと，実に常識的な話になります。

原則その１は，国家はなにごとか主張をなすとき，法にもとづいてなすべし，です。

原則その２は，主張を通したいからといって，力や，威圧を用いないこと。

そして原則その３が，紛争解決には，平和的収拾を徹底すべしということです。

繰り返しますと，国際法に照らして正しい主張をし，力や威圧に頼らず，紛争は，すべからく平和的解決を図れ，ということです。

当たり前のこと，人間社会の基本です。しかしその当たり前のことを，あえて強調しなくてはなりません。アジア・太平洋に生きるわれわれ，一人ひとり，この３原則を徹底遵守すべきだと，私は訴えます。

先日，インドネシアとフィリピンが平和裏に，両国間の排他的経済水域の境界画定に合意しました。法の支配が，まさに具現化した好例として，私は歓迎したいと思います。

また，南シナ海における紛争の解決を，まさに３原則にのっとり求めようとしているフィリピンの努力を，私の政府は強く支持します。ベトナムが，対話を通じて問題を解決しようとしていることを，同様に支持します。

既成事実を積み重ね，現状の変化を固定しようとする動きは，３

原則の精神に反するものとして，強い非難の対象とならざるを得ません。

いまこそ，南シナ海の，すべての当事国が約束した2002年行動宣言，あのDOCの精神と規定に立ち返り，後戻りができなくなる変化や，物理的な変更を伴う一方的行動をとらないという，固い約束を交わすべき時ではないでしょうか。

平穏な海を取り戻すため，叡智を傾けるべきときはいま，です。」

南シナ海問題について，「中国」に一言も触れることなく，中国問題を浮き彫りにした絶妙の表現との評価が示されたくだりである。

その上で，東南アジア諸国との安全保障協力をシームレスな形で進めていくとした。

「日本はこのほど，防衛装備について，どういう場合に他国へ移転できるか，新たな原則をつくりました。厳格な審査のもと，適正な管理が確保される場合，救難，輸送，警戒，監視，掃海など目的に応じ，日本の優れた防衛装備を，出していけることになりました。

国同士で，まずは約束を結んでからになります。ひとつひとつ厳格に審査し，管理に適正を図ることを心がけつつ進めていきます。

ODA，自衛隊による能力構築，防衛装備協力など，日本がもついろいろな支援メニューを組み合わせ，ASEAN諸国が海を守る能力を，シームレスに支援してまいります。」

ODAによる海上法執行機関（軍組織から独立）の能力構築支援（巡視艇供与，専門家派遣）や，自衛隊による能力構築支援は，すでに一部の東南アジア諸国に対し行なってきていた。

一方，防衛装備協力については，シャングリラ対話の二ヶ月前に新たな防衛装備移転三原則が決定されたばかりであり，東南アジア諸国との協力は新たな課題として，この安倍総理演説を機に協力の具体化が進むことになった。

（武器輸出三原則から防衛装備移転三原則へ）

ここで，日本の防衛装備移転三原則（かつては武器輸出三原則）について簡単に触れておきたい。

武器輸出三原則は，外為法の運用指針として佐藤栄作内閣の時に政府見解の形で示されたものである。「共産圏」，「制裁対象国」，「国際紛争を助長する恐れのある国」に武器輸出を行わないこととした。三木武夫内閣の時に更に踏み込んで，「武器輸出を慎む」として，実質的に「武器禁輸一原則」ともいうべき形になった。その後，1980年代の対米武器技術供与取極以降，特定の案件が出てきた場合に，その都度この原則の例外扱いとすることを官房長官談話で表明する形をとってきた。以来，日米の弾道ミサイル防衛の共同研究・開発からカンボジアでの地雷除去機材，中国での遺棄化学兵器処理機材の国外搬出といったものまで，個別に例外化の措置をとりながら進めることになった。

これを，包括的な形で例外化したのが，2011年12月27日に野田佳彦内閣が出した「防衛装備品等の海外移転に関する基準」についての内閣官房長官談話である。防衛装備品を巡る国際環境の変化を踏まえ，平和貢献・国際協力に伴う案件，及び我が国の安全保障に資する防衛装備品等の国際共同開発・生産に関する案件は，一定の基準により，包括的に例外化措置を講じることとしたのである。具体的には，我が国から移転される防衛装備品について相手国が目的外使用や第三国移転を行う場合に我が国の事前同意を義務付ける枠組みを作ることにより，当該相手国への防衛装備品の移転が幅広く出来ることとなった。

この新たな基準に基づき作成されたのが，英国との武器及び武器技術移転協定である。（結実しなかったものの）F2の後継機としてタイフーンの売り込みに熱心だった英キャメロン首相が2012年4月に訪日した際，野田総理との首脳会談を踏まえて発出した共同声明において，今後の日英間の防衛装備協力を進めるための枠組みを検討することが決定された。同年9月に筆者が安全保障の担当課長に就いた後，この日英共同声明に基づき，日英間の政府間交渉を進め，翌2013年夏に日英武器及び武器技術移転協定が締結された。武器及び武器技術の移転に関する包括的な協定としては，日米相互防衛援助（MDA）協定以外では初めてのものである。国会承認条約である日米MDA協定と異なり，損害賠償請求権の相互放棄や関係要員の特権・免除などの法律事項を含まないため，行政取極として作成された。この日英協定は，その後締結された日豪，日仏，日印等の協定のモデルになっている。

この包括的例外化措置を更に発展させたものが，現在の防衛装備移転三原則である。2013年末に策定された国家安全保障戦略で包括的例外化措置の見直しの検討が明記され，翌2014年4月に防衛装備移転三原則が策定された。それまで政府見解ないし官房長官談話で定められていたのが，初めて閣議決定で基本原則が定められ，実施細則は新たに発足した国家安全保障会議の決定という形式で定められることとなった。

防衛装備移転三原則では，従来の武器輸出三原則とその例外化措置に触れつつ，新たな安全保障環境に適合するよう，過去の例外化の経緯を踏まえ，包括的に整理し明確な原則を定めることとしたとしている。その上で，今後は次の３つの原則に基づき防衛装備の海外移転の管理を行うこととしている。

第１の原則は，「移転を禁止する場合の明確化」である。

すなわち，次に掲げる場合は，防衛装備の海外移転を認めないこととしている。

① 当該移転が我が国の締結した条約その他の国際約束に基づく義務に違反する場合，

② 当該移転が国際連合安全保障理事会の決議に基づく義務に違反する場合，又は

③ 紛争当事国（武力攻撃が発生し，国際の平和及び安全を維持し又は回復するため，国際連合安全保障理事会がとっている措置の対象国をいう。）への移転となる場合

第２の原則は，「移転を認め得る場合の限定並びに厳格審査及び情報公開」である。

すなわち，移転を認め得る場合を次の場合に限定している。

① 平和貢献・国際協力の積極的な推進に資する場合

② 同盟国たる米国を始め我が国との間で安全保障面での協力

関係がある諸国との国際共同開発・生産の実施，同盟国等との安全保障・防衛分野における協力の強化並びに装備品の維持を含む自衛隊の活動及び邦人の安全確保の観点から我が国の安全保障に資する場合

第3の原則は，「目的外使用及び第三国移転に係る適正管理の確保」である。

すなわち，防衛装備の海外移転に際しては，適正管理が確保される場合に限定する。具体的には，原則として目的外使用及び第三国移転について我が国の事前同意を相手国政府に義務付けることとする（ただし，一定の場合には仕向先の管理体制の確認をもって適正管理を確保することも可）。

なお，この防衛装備移転三原則は，外為法上の輸出許可を出すにあたっての基準を明確化し，予見可能性を与えるという点で日本の防衛装備品を輸出する上での重要なステップではあるが，これのみで直ちに具体的に防衛装備品の輸出が実現するわけではない。すなわち，必要条件ではあっても十分条件ではない。他国では見られないようなこれまでの全面禁止に近い制約を変更し，防衛装備品を輸出している各国と同じ土俵に上がったに過ぎない。ファイナンスの問題や，エンドユーザーとの調整など，民生インフラ輸出と同様の課題があることに変わりなく，この点，新参者である日本の官民は，当然のことながら経験が圧倒的に不足している。まずは自衛隊の中古装備品の供与や，海外の防衛産業への部品供給，豊富な経験を有する欧米防衛産業との国際共同開発を通じた連携による完成品輸出といった形で進めるのが現実的であ

ろう。

（海賊対処協力）

マラッカ海峡を含む東南アジアの海域は海賊問題に悩まされてきた。

2001年に日本が地域協力のための法的枠組みを提案し，日本主導により作成されたのが，アジア海賊対策地域協力協定（ReCAAP: Regional Cooperation Agreement on Combating Piracy and Armed Robbery against Ships in Asia）である。同協定は，情報共有センター（ISC: Information Sharing Center）を設立し，このISCを通じた海賊事案に関する情報共有や協力（事案の発見，容疑船舶の拿捕，容疑者の逮捕，被害者の救助等）体制を構築し，また締約国間の協力（犯罪人引き渡し・法律上の相互援助の円滑化，能力構築）を進めることを主な内容としている。

同協定の交渉には日本とASEAN10カ国を含む16カ国が参加し，最終的にシンガポールにISCが設置されることとなった。2006年のISC発足以来，事務局長はこれまで3代続けて日本人が選出されている。

一方，マレーシア，インドネシアが協定に参加しないまま現在に至っており，両国との連携が，協定の実効性の観点から大きな課題となっている。この関連では，フィリピンが3カ国の連携によりISCとの橋渡し的役割を務めようとしており，歓迎すべき動きといえる。

(日・ASEAN 防衛協力イニシアティブ)

日本と ASEAN は 1990 年代から防衛交流を行なってきた。その背景には，カンボジア和平に際して，自衛隊がカンボジアに派遣され，現地での東南アジア各国との接点が増えていったことがあると思われる。

2000 年代以降はより実践的・実務的な協力が進み，2010 年代に入って ASEAN 防衛大臣会合の発足や，自衛隊による各国軍隊への能力構築支援を開始したことにより，更に進化を遂げた。これも，この間の自衛隊の国際的活動の拡大と無縁ではないであろう。

このような背景の下，2016 年のラオス・ビエンチャンにおける第 2 回日・ASEAN 防衛大臣会合において，日本側のイニシアティブとして示したのが日・ASEAN の防衛協力の指針（ビエンチャン・ビジョン）である。同ビジョンでは，「法の支配」を貫徹するための海洋・航空分野での国際法の認識共有の支援や，海洋安全保障強化のための情報収集・警戒監視，捜索救難分野の能力向上支援等をうたっている。これまで ASEAN 全加盟国を対象にした護衛艦での乗艦協力プログラムや大規模災害演習へのオブザーバー招聘を実施したほか，二国間ベースで能力構築支援や防衛装備・技術協力などを行ってきている。

(ASEAN 地域フォーラム（ARF）を通じた協力)

ASEAN 関連の安全保障関連の会合としては，外交・防衛当局者が参加する ASEAN 地域フォーラム（ARF）と防衛当局者が参加するADMMプラスがある。これらのマルチの会合は，その会合自体の意義もさることながら，その機会を通じて参加各国との二国間協議を効率よく行えることにある。

ARFは1994年から開催されている。政治・安全保障問題に関する対話と協力を通じ，アジア太平洋地域の安全保障環境の向上を目指す仕組みである。最も歴史が長く，参加するのも27カ国・地域（北朝鮮とEUを含む）と最大である。北朝鮮を含むため，日本では日朝の接触があり得る機会として注目される場合がある。①信頼醸成の促進，②予防外交の進展，③紛争へのアプローチの充実という3つの段階を通じて安全保障環境の向上を目指すとしており，年一回開かれる閣僚会合の下に，高級事務レベル会合（SOM），不拡散・軍縮，海洋安全保障，災害救援，テロ対策，サイバーなど分野別の会合も開催されており，災害救援については実働演習が行われることもある。

ARFには，発足間もない1990年代中頃は，冷戦終了間もない時期のユーフォリアもあり，地域安全保障の枠組みとして過大とも言える期待が寄せられた面もある。しかしながら，ARFは安全保障環境の実態を体感することができる会議体，フォーラムではあっても，国の安全保障を委ね得るような組織としての実態があるわけではない。地域の信頼醸成の観点からARFが日米同盟をはじめとする既存の同盟を補完することはあっても，ARFに同盟を代替しうるのかのような期待を持つのは非現実的である。

4　日本とフィリピンの安全保障協力

東南アジアにおいて日本との安全保障協力が最も進んでいるのがフィリピンである。

筆者は，アキノ政権時に安全保障担当課長として数度訪問したほか，ドゥテルテ政権になって在フィリピン日本国大使館の次席公使兼政務公使として日本とフィリピンの安保協力に従事する機会に恵まれた。アキノ政権からドゥテルテ政権への政権交代に大きな影響を受けた比中関係，比米関係と異なり，日比関係については両政権を通じて強い継続性が示されたのは幸いであった。

（フィリピン沿岸警備隊への能力構築支援）

初めてフィリピン沿岸警備隊（PCG: Philippine Coast Guard）を訪問したのは，ブルネイでのASEAN関連会議出席の途次に立ち寄った2012年秋である。同年のスカーボロ礁を巡る比中間の紛争，尖閣諸島における中国公船の領海侵入事案発生から暫くしてからの時である。筆者としては，日本と同様の問題に直面するフィリピンの体制に強い関心を持った。

衝撃を受けたのは，沿岸警備隊長官代行に表敬，意見交換した後に沿岸警備隊の巡視艇を案内された時である。「この船は豪州の援助で10年ほど前に供与されたが部品の不足により稼働していない」との説明を受け，仰天した。現地にはJICA専門家派遣スキームにより日本の海上保安官が派遣されており，長年の協力関係を築いているが，派遣専門家の説明からもフィリピン側の能力不足は深刻であることを実感した。

その後，日本政府はODA（円借款）を活用し，フィリピンに対して中規模以上の巡視艇やスピードボートを供与することを決定した。それまでインドネシアに対して無償資金協力による小型巡視艇供与の例はあったが，円借款を活用して，大規模な巡視艇供与を行なったのはフィリピンが初めてである。

5年後の2017年，筆者がフィリピンに赴任し，再び沿岸警備隊を訪れた際には，計画は順調に進んでいた。これまでに40m級の巡視艇が10隻，小型スピードボート13隻が順次供与され，さらに今後，90m級2隻が供与予定である。加えて，海賊事案の頻発地域であるミンダナオ島南西部に沿岸監視レーダー13基を設置予定である。

今後の課題は，供与したアセットのメンテナンスである。支援を受ける側はとかく見栄えのする新しい船や機材の受け入れには熱心だが，それを地道に整備することには十分な関心や予算が当てられないことが往々にしてある。日本が供与した巡視艇が前述の豪州の巡視艇と同じような運命を辿ってはならない。

現在，日本大使館・JICAとフィリピン沿岸警備隊・運輸省との間で定期的にレビューを行なっているほか，フィリピンの能力構築支援で共通の問題意識を有する日米豪の三国間でも随時情報交換を行なっている。

能力構築支援では，装備といったハード面に加え，ソフト面も重要である。フィリピン沿岸警備隊と日本の海上保安庁は様々な機会をとらえて共同訓練を行なっているほか，海洋関係の国際法の研究のため，日本の政策研究院大学がフィリピン沿岸警備隊からの留学生を受け入れている。

フィリピン沿岸警備隊で日本が供与した巡視艇を視察する茂木外務大臣

出典：外務省

2020年1月に茂木敏充外務大臣がフィリピン訪問時に沿岸警備隊を視察した際，現地で案内したジョエル・ガルシア（Joel S. Garcia）沿岸警備隊長官とはマニラ在勤時に親交があったが，同長官は国軍士官学校出身者が多い沿岸警備隊において数少ない商船大学出身者である変わり種である。一方，アジア海賊対策地域協力協定（ReCAAP）の総務会議長や米国の支援で設立されたNational Coast Watch Centerの所長を務めるなど，フィリピン沿岸警備隊きっての国際派でもある。同長官は常々，Coast Guard Diplomacyの重要性を唱え，南シナ海の事案では軍同士ではなく，法執行機関である沿岸警備隊同士が前面に出ることが紛争のエスカレートを避ける上で重要であると述べていた。まさにその通りであり，沿岸警備隊がその任務を全うするためにも，ハード・ソフト両面において能力を拡充する必要がある。

（防衛装備・技術協力）

前述のシャングリラ対話での安倍総理政策演説を受け，東南アジア諸国との具体的協力の探求のため，2014年7月，筆者は関係省担当者とともにフィリピンとマレーシアに出張し，NSC，外務省，国防省に日本の防衛装備移転三原則と，これまで各国と締結した協定の仕組みを説明した。その後，海外勤務のため筆者と東南アジアとの関係は一旦途切れることになるが，アキノ政権下のフィリピンと政府間交渉が開始され，ASEAN初の防衛装備・技術移転協定が2016年2月に署名された（2018年4月にはマレーシアとの間で同様の協定に署名。）。同年の大統領選挙によりドゥテルテ政権が発足するが，この協定に基づく日本とフィリピンの防衛装備・技術協力は切れ目なく続き，具体的協力案件に結実することになる。

筆者がフィリピンに赴任した2017年夏までには，海上自衛隊の練習機（TC90）2機がフィリピン海軍に供与され，翌2018年に更に3機が供与された。この協力では，単なるハードの機材だけでなく，パイロット養成や整備訓練などソフト面の支援も行わ

フィリピン海軍への海自練習機TC90供与（上）と
哨戒機C90に改装後の海上自衛隊P1との親善訓練（下）

出典：在フィリピン日本国大使館及び海上自衛隊

れているのが特徴である。5 機の練習機は哨戒機 C90 に改装され，南シナ海における哨戒任務に当たっており，フィリピンに来航した海上自衛隊航空機 P1 と親善訓練を行ったこともある。2019 年には，陸上自衛隊で退役したヘリコプター（UH-1H）の関連部品がフィリピン空軍に供与された。

さらに，フィリピン空軍の調達する警戒監視レーダー4 基を，日本企業（三菱電機）が受注することとなり，2020 年 8 月に同社とフィリピン国防省との間で契約が成立した。これは日本企業による初の完成装備品の輸出案件である。ともに第一列島線に位置する日本とフィリピンが情報面での協力を進める上で重要な案件と言える。

（親善寄港・共同訓練）

ジブチを拠点として海賊対処活動にあたる海上自衛隊の護衛艦，哨戒機は交替の途次，フィリピンに立ち寄っている。護衛艦はマニラかスービックに寄港，P3C など航空機はパラワン島に寄港するのが通例となっている。

筆者もマニラで何度か海自関係者を出迎え，意見交換を行った。護衛艦内で海賊対処活動のブリーフィングを受けた際，ジブチの日本大使館の同僚の写真を見て，インド洋を介して中東と東南アジアがつながっていることを実感した。実際に行き来する海上自衛隊の人達はなおさらそうであろう。

日本が保有する艦船の中で最大のヘリ搭載型護衛艦「いずも」，「かが」は，2017 年から 2019 年まで 3 年連続でスービックに寄港している。ドゥテルテ大統領は「いずも」,「かが」の両艦に乗艦，視察した唯一の外国の首脳である。筆者も2018年の「かが」寄港時にスービックを訪れたが，マニラから陸路で片道3時

ドゥテルテ大統領の護衛艦「かが」訪問（上，左下）と
現地報道ぶり（右下）

出典：防衛省・自衛隊及び Manila Bulletin 紙

間かかるにも関わらず，フィリピン人関係者には大変な人気であった。こうした自衛隊艦船・航空機が様々な機会をとらえて寄港し，地元関係者と交流し，また自衛隊・軍の間で親善訓練を行うことは，日本のプレゼンスを示す上で大変な広報効果がある。日本の自衛隊関係者にとっても各地の土地勘を養う上で有益である。寄港地も従来からのスービック，マニラに加え，ミンダナオのダバオ，サンボアンガなど新たな寄港先を戦略的に検討していくべきと考える。

また近年，「バリカタン」，「カマンダグ」と呼ばれる，フィリピンが米国との間で例年行っている共同訓練に，日本の自衛隊が参加する事例が増えている。フィリピンと訪問軍地位協定（VFA）を結んでいる米国，豪州と異なり，訓練参加のつど参加要員の法的地位を規定する文書を交わす必要があり，参加の規模・態様も限定されるが，フィリピン，米国，豪州の各国軍隊と共に自衛隊が共同訓練を行うことは重要な経験の蓄積になる。

（政策協議）

日本とフィリピンでは，現在，首脳会談，外相会談のほか，事務レベルの会合として次官級戦略対話，海洋協議，PM（Politico-Military）協議を不定期に開いている。海洋協議及びPM協議は，両国のNSC，外交，防衛，海上法執行当局者が一同に会するものであるが，地域情勢について情報交換をしつつ，能力構築支援や防衛装備・技術協力，共同訓練といった具体的協力について協議を行うことは有益である。

具体的協力案件の協議に加えて特に重要なのは，海洋での様々な事案における関係省庁間の連携についてのノウハウ，経験の共有である。東シナ海での尖閣諸島近辺における様々な事案の対処にあたっては，日本政府においてはNSC，外務省，防衛省・自衛隊，海上保安庁など関係省庁が，現場からの情報を共有しながら連携して対応にあたっている。近年増大する事案への対処に迫られたこともあり，NSCの司令塔機能の下，関係省庁間の連携は一層緊密になっている。一方，フィリピン政府部内におけるNSC，外務省，国防省・国軍，沿岸警備隊など関係省庁間の連携は必ずしもスムーズとは言えない。例えば，筆者のマニラ在勤時には，ベトナム漁船の取り締まりに沿岸警備隊ではなくフィリピン海軍が先に対応し，ベトナム人船員を射殺してしまう事案が発生した。本来，相手船舶の種類など事案の態様に応じて関係機関の役割分担をすべきところだが，その辺りが曖昧な印象を受けた。この件は結局，外交的に決着がはかられたが，相手が中国漁船だったらもっと困難な状況になったかも知れない。相手につけ込まれない隙のない体制構築を促す必要がある。

また，日本とフィリピンにとって共通の同盟国である米国との同盟管理（alliance management）のあり方も，政策協議に値するテーマであろう。東アジアの平和と繁栄の確保のために安定的な米国の軍事プレゼンスが必要という点で日本とフィリピンは共通の利益を有している。

日米間では，外務・防衛閣僚会議（2+2）を含め，様々なレベルでの日米安保体制に関する事項について協議を行う枠組みがあり，同盟管理のあり方も相当程度組織化されている。その時々の首脳同士の信頼関係が重要であることは言うまでもないが，それを支える上でも，国家間の継続的な関係である同盟を安定的に運用していくための仕組みは必要である。

筆者のマニラ在勤中の2019年前半において，フィリピンの国防省高官が，米国によるフィリピン防衛のコミットメントが不明確であると不満を述べ，比米同盟を見直すべきとたびたび公言し，大きく報じられたことがあった。この「見直し」というのが，現行条約の改定を意味するのか，あるいは運用の改善を意味するのか，また見直すべき具体的な点は何か不明であったので，フィリピン側の外務省，国防省関係者と何度か意見交換を重ねた。フィリピン側の反応を総合すると，条約改定までは考えておらず，日

ロレンザーナ国防大臣及びエスペロン国家安全保障顧問らと共に

出典：在フィリピン日本国大使館

米同盟との比較で曖昧に見える米国の防衛コミットメントをより確固たるものにしたいとの問題意識が根底にあるように推測された。筆者からは，1990年代以降の日米同盟の信頼性確保の取り組みを説明しつつ，比米同盟の管理はフィリピンと米国の問題であるが，比米同盟の安定は日本としても強い関心を有しており，日米同盟の管理の経験が役に立つのになるなら情報交換の労を惜しまないと伝えたところである。

フィリピンと米国の間では，軍同士の関係は密接だが，いわゆる「2＋2」の枠組みは存在せず，それを支える外交，国防の政策当局の体制も十分には見えない。現時点では，首脳間の意思疎通も希薄であると言わざるを得ない。日本として出来ることは限られるにせよ，比米同盟の安定性に無関係・無関心ではあり得ず，経験の共有を含め，必要な協議を行なっていくべきである。

コラム１　日本，フィリピン，米国（その1）：日米同盟と比米同盟

日本とフィリピンはともに米国を唯一の条約上の同盟国としている。比米相互防衛条約と日米安全保障条約（旧条約）とも1951年に作成された（日米安保条約はその後1960年に改定）。本コラムでは二つの同盟を比較してみたい。

（共同対処する武力攻撃の範囲）

まず，同盟の根幹ともいえる，同盟が対処すべき武力攻撃に関する両条約の関連規定を見てみたい。

日米安保条約第5条は，

「各締約国は，**日本国の施政の下にある領域における**，いずれか

一方に対する武力攻撃が，自国の平和及び安全を危うくするものであることを認め，自国の憲法上の規定及び手続に従つて共通の危険に対処するように行動することを宣言する。（以下略）」
（"Each Party recognizes that an armed attack against either Party **<u>in the territories under the administration of Japan</u>** would be dangerous to its own peace and safety and declares that it would act to meet the common danger in accordance with its constitutional provisions and processes."）
と規定している（太字下線は筆者）。いわゆる「5条事態」とは，同条にある通り，「日本国の施政の下にある領域」において武力攻撃が発生した場合に，日米が共同で対処する事態を指す。この「日本国の施政の下にある領域」の範囲については，沖縄返還の際に，尖閣諸島を含む沖縄県が日米安保条約第５条の適用対象となる旨，沖縄返還協定に規定されており，この点は，日米両政府間の公式文書（最近では2017年２月の日米首脳会談の際に出された共同声明）でたびたび確認されているところである。

一方，比米相互防衛条約第４条は，
「各締約国は，**<u>太平洋地域における</u>**，いずれか一方に対する武力攻撃が，自国の平和及び安全を危うくするものであることを認め，自国の憲法上の手続きに従って共通の危険に対処するように行動することを宣言する。（以下略）。」
（"Each Party recognizes that an armed attack **<u>in the Pacific Area</u>** on either of the Parties would be dangerous to its own peace and safety and declares that it would act to meet the common dangers in accordance with its constitutional process."）
と規定している（和文仮訳は筆者作成。太字下線は筆者）。同条にいう共同対処の対象となる武力攻撃の範囲及び「太平洋地域」

の指す範囲については，条約第5条及び米側文書（1979年のバンス国務長官及び1999年のハバード在フィリピン米国大使によるフィリピン外務大臣宛書簡）において明確化が図られており，比米両国の領域に対する武力攻撃に加え，太平洋における両国の軍隊，公の艦船又は航空機に対する武力攻撃も含まれるとされ，また「太平洋地域」には南シナ海が含まれるとされている。

両条約の規定の表現は類似しているものの，日米安保条約では「日本の施政の下にある領域」に限定された，非対称的な形で規定されているのに比べ，比米相互防衛条約では，武力攻撃の発生地域が広範に，かつ比米両国で対称的な形で規定されているのが大きな相違点である。

なお，フィリピン憲法について付言すれば，フィリピン憲法には，日本国憲法第9条1項に相当する戦争放棄条項（war renunciation clause）はある。パリ不戦条約の流れを組むものであり，米国自治領時代の1935年憲法からある規定なので，日本国憲法よりも歴史は古い。一方，フィリピン国軍については憲法上,「人民と国家の守護者（the protector of the people and the State)」として明記されている。個別的・集団的自衛権は国際法上の権利であり，憲法上の争点にはなっていない。

（駐留米軍の扱い）

次に駐留米軍についてである。

日米安保条約第6条では，

「日本国の安全に寄与し，並びに極東における国際の平和及び安全の維持に寄与するため，アメリカ合衆国は，その陸軍，空軍及び海軍が日本国において施設及び区域を使用することを許される。（以下略）」

(“For the purpose of contributing to the security of Japan and the maintenance of international peace and security in the Far East, the United States of America is granted the use by its land, air and naval forces of facilities and areas in Japan.”)

と規定して，米軍による日本国内における基地使用を認めており，米軍駐留に関わる様々な事項について別個の地位協定で規律することとしている。これに基づき，日米地位協定が締結されており，さらに同協定に基づき設置されている合同委員会において地位協定の運用に関する合意が作成されている。

一方，比米相互防衛条約には日米安保条約第６条類似の規定はない。別個の基地・地位協定により冷戦期にはクラーク空軍基地，スービック海軍基地など大規模な米軍基地が存在し米軍が駐留していた。他方，冷戦終了後の1991年，この基地協定の延長がフィリピン上院で否決され，ピナツボ火山噴火によるクラーク基地の被害も相まって，米軍が撤退することとなった。その後，1999年に訪問軍地位協定（VFA）が締結され，共同訓練でフィリピンに来訪する米軍の地位を規定する形となっている。

（同盟の信頼性確保のための試み）

日米間では同盟の信頼性確保のため，様々な取り組みがなされてきた。冷戦後の日米同盟の役割を規定した1996年の日米安保共同宣言，1977年，1997年，2014年と３回に及ぶ日米防衛協力の指針作成と関連法制の整備，「世界の中の日米同盟」の下でのインド洋やイラクでの協力，基地を抱える地元の負担軽減，自衛隊・米軍間の情報交換・訓練，外務・防衛当局間同士の政策協議，等々である。その中核となるのが，時々の日米の両首脳の信頼関係，及び「2+2」を構成する外務・防衛担当閣僚間の連携であることは言うまでもない。長年の取り組みにより，日米間の同盟管理は相当程度組織化されたものとなっている。

比米間は，日米間ほど組織化されているようには見えない。南シナ海問題もあり，アキノ政権時には，比米間で拡大防衛協力協定（EDCA: Enhanced Defense Cooperation Agreement）が作成され，比国内での米軍使用のための特定基地の施設整備及び物資の事前集積を図ることとされていたが，ドゥテルテ政権になって，作業の進捗は停滞していると言われる。過去のフィリピン上院の基地協定延長の否決，あるいは最近のドゥテルテ政権によるVFA破棄通告問題など，比米同盟を支える基本的枠組みが，時々の政治情勢に左右される脆弱性を抱えている。

もっとも，比米の軍レベルの人的交流は密接である。比国軍の幹部の多くは米国留学経験があり，両国軍の共同訓練も総じて一貫して行われている。近年では，2017年のミンダナオでのイスラム過激派によるマラウィ占拠事案の対処において，米軍（及び豪州軍）は情報面を中心にフィリピン国軍に対して支援を行ったとされている。

（日米同盟と比米同盟）

マニラ在勤中，筆者はフィリピン国防大学での講演を始め，フィリピンにおける安保専門家と意見を交わす機会がしばしばあった。その際，一部の比側有識者からは「尖閣諸島への日米安保条約第5条の適用を米側が明言する日米同盟に比べ，比米同盟における米側の防衛コミットメントは曖昧であり，日本がうらやましい」といった趣旨の意見を時折聞かされた。これに対し筆者からは，「尖閣諸島におけるあらゆる事態で米国の関与が想定されているわけではなく，武力攻撃未満の事態では自国による対処が重要。また同盟管理のための双方の不断の努力が基盤となっている。比米同盟では，米国がフィリピン防衛コミットメントを負っているだけでなく，双務的な形でフィリピンも米国防衛コミットメントを負っていると理解するが，比米の同盟管理のため，どのような具体的努力をしているのか」と反問したものである。

如何なる同盟も歴史的経緯と無縁ではない。

日米同盟は，第二次世界大戦後の米国の対日占領を引き継ぐ形で始まったが，冷戦下において，「力の空白」を作らないため，米軍のプレゼンス維持を主眼とする，いわば「静的な同盟」であったと言える。創設された自衛隊の役割も，戦前・戦中の経緯もあり，日本自身が「力の空白」を作ることのないようにすることが中心であった。結果，冷戦下で日米同盟は実戦に直接さらされることはなかった。

比米同盟は第二次世界大戦時の対日戦争における協働をその淵源とする（条約前文にもその趣旨の記述がある）。オペレーショナルな協力に主眼を置く，「動的な同盟」と言える。条約上フィリピンは（キャパシティの問題は別にして）米国と対称的な権利義務関係にあり，フィリピン国軍は，朝鮮戦争，ベトナム戦争を含め，米国主導の軍事作戦に参画してきた。直近では，ミンダナオの都市マラウィをイスラム過激勢力が数ヶ月にわたって占拠した事案において，フィリピン国軍は米軍の情報協力を受けたとされる。比米同盟は実戦経験豊富な同盟である。

冷戦後の国際環境は二つの同盟に変化をもたらした。日米同盟は，冷戦後の世界における同盟の役割についての絶え間ないレビューを経て，米軍の安定的なプレゼンス維持を前提としつつも，自衛隊がより積極的な役割を果たす動的な同盟の性格を帯びてきた。一方，比米同盟については，1990 年代の米軍撤退後に生じた「力の空白」に伴う南シナ海での困難に直面したフィリピンが，政治的な紆余曲折を経つつも，米軍プレゼンスの再構築に腐心している。

何のための同盟か。いかなるコストを払うべきか。不断の検討が必要な点では共通している。これは米側においても同様であろう。

コラム２　日本，フィリピン，米国（その２）：戦後和解

筆者が在勤したフィリピンは，言わずと知れた第二次世界大戦の激戦地である。日本人戦没者は約 50 万人，日中戦争以来の中国大陸での戦没者を上回る。また，現地フィリピン人の犠牲者は約 110 万人に上る。

筆者はフィリピン在勤中，数多くの戦跡を訪れた。毎年 8 月 15 日に慰霊祭が行われ，2016 年には天皇皇后両陛下がご訪問，献花されたカリラヤ戦没者慰霊園。緒戦の激戦地となったバターン半島とコレヒドール島。米軍が反攻を始めたレイテ島。神風特別攻撃隊が初めて編成，レイテ沖海戦に飛び立ったマバラカット飛行場跡。終戦時のフィリピン方面軍司令官，山下奉文大将が降伏した北部ルソンの奥地キアンガンなどである。

大戦末期に市街戦となり多くの市民が犠牲となったマニラ市内にも旧市街のサンチャゴ要塞をはじめ戦争の傷跡を伝えるモニュメントが其処彼処にある。マニラ空港脇の空軍博物館には戦後 29 年間ルバング島に潜み 1974 年に投降，帰国した小野田寛郎少尉関連の展示コーナーがある。マニラの米国大使館の旧

カリラヤ戦没者慰霊園（上）
バターン慰霊施設（左下）と山下奉文大将終焉の地（右下）

出典：筆者提供

本館は戦時中日本軍の司令部となり，大ホールでは戦後 BC 級戦犯の裁判が行われた。法廷に立つ山下大将の写真もある。（ちなみに，2019 年 3 月には同じ大ホールで日米豪三カ国の政府関係者がフィリピン政府関係者を交えて同国の安全保障の能力強化支援策を議論する会議を行った。隔世の感といえる。）

山下大将と，開戦時の司令官だった本間雅晴中将は，それぞれマニラ市街戦といわゆる「バターン死の行進」の責任を問われ，マニラ郊外のロス・バニョスで処刑された。現地には草むした所に 2 人の慰霊碑がある。近くには，終戦後の日本軍将兵が収容されたモンテンルパ収容所や，処刑された BC 級戦犯の墓地もある。

フィリピンでは，バターンが陥落した 4 月 9 日と，マッカーサーがレイテに上陸した 10 月 20 日は毎年現地で大規模な慰霊式典が行われる。筆者はレイテ島での慰霊式典に 2 回参列した。

周知の通り，レイテ島は第二次世界大戦終盤の激戦地である。初めて特攻隊が投入されたレイテ沖海戦では日本海軍の連合艦隊が壊滅し，約一ヶ月半にわたる陸上での戦闘で日本軍の将兵約 8 万人が命を落とした。戦闘経過は自身もフィリピンに従軍した大岡昇平の「レイテ戦記」に詳しいが，軍司令官や師団長まで戦死した日本側の記録は乏しく，同書は専ら米軍記録に拠っている。

慰霊式典では，マッカーサーの銅像がある広場で，フィリピン国旗を中心に日本，米国，オーストラリアの国旗が国歌とともに順次掲揚される。当時の敵味方の区別は一切ない。フィリピン政府代表，関係各国外交団代表と並んで，筆者も日本大使館を代表して挨拶を行い，この地で斃れた各国将兵に哀悼の意を表した。レイテでの式典は地元自治体とフィリピン国軍挙げ

レイテ慰霊式典

出典：在フィリピン日本国大使館

ての一大行事であり，前夜の夕食会からから式典後の昼食会まで様々な行事があり，筆者も高齢のフィリピン人元抗日ゲリラの方と隣り合わせて懇談をする機会があった。その場で求められて行った挨拶で，筆者からは「本日，この場にいることを大変光栄に思います。当時を知るフィリピン人の方からお話を伺うことが出来たのも得難い経験です。何故ならレイテでは日本側生還者はほとんどいなかったからです。かつて敵味方に分かれて戦った我々の祖先達も，現在我々が安全保障上のパートナーとして緊密な関係を築いていることに，天上から喜んで見ていると確信します。」といった趣旨のことを述べた。

いわゆる歴史問題はフィリピンと米国の間にもある。19 世紀末の米西戦争の際，米国はフィリピンのアギナルド将軍率いる独立戦争を支援したものの，戦争終結後に掌を返し，フィリピンの独立を認めなかった。このため，その後数年間にわたる比米戦争が続いた。「バランギガの鐘」事件と呼ばれる惨劇はその最中に起きた。レイテ島の北に隣接するサマール島の町バランギガにおいて教会の鐘を合図にフィリピン側ゲリラが米軍将兵を襲撃・殺害したのに対し，米軍は無差別大量殺害で報復した。米軍が戦利品として持ち帰った 3 つの教会の鐘はフィリピン側歴代政権が返還要求を行い，長く両国間のトゲとなっていた。最終的に 3 つの鐘がフィリピンに返還され，元の教会に収まったのは，2018 年の 12 月である。ドゥテルテ政権下でギクシャクしがちな比米関係だが，マティス国防長官やロムアルデス駐米フィリピン大使，比米双方の教会関係者の尽力もあって実現した鐘の返還は，フィリピン国内で好意的に受けとめられた。

フィリピン空軍博物館に臨時展示されたバランギガの鐘

出典：筆者提供

2013年秋，台風ヨランダと津波がレイテ島沿岸部を襲い，甚大な被害が発生した。

日本は陸海空の自衛隊合同部隊を派遣し，JICAや米国，オーストラリアなど各国の軍民関係者とともに被災地支援にあたった。かつての激戦地で敵味方に分かれて戦った国々が相携えて復旧復興に取り組む姿は，感慨を持って受けとめられた。

レイテにはサン・ファニーコ橋という，レイテ島とサマール島を結ぶ橋がある。1970年代に日本の援助で造られた，優美な曲線が特長的な美しい橋であり，地元のモニュメントとなっている。2013年の台風にもびくともしなかった。

津波の後，レイテに新たなモニュメントが日本の援助によって加わった。沿岸部のコミュニティを津波から守る防波堤である。景観とのバランスに配慮したデザインにするべく，地元関係者と熟議が重ねられ，防波堤の上は，遊歩道として地元民が憩うことができる形になっている。2018 年 10 月 20 日の慰霊式典当日の早朝，筆者も少し散策してみた。74 年前のこの日，日本軍と連合軍双方の多くの将兵の血で染まったことからレッドビーチと呼ばれ，5 年前には暴風雨と津波が猛威を振るった場所である。青い空の下，穏やかな海辺をどこまでも伸びていくような白い遊歩道が印象的であった。

レイテ湾レッドビーチの防波堤

出典：筆者提供

第 4 章
平和構築
──カンボジア和平とミンダナオ和平──

バンサモロ暫定自治政府発足記念式典（出典：Minda News）

（日本の戦後は東南アジアの戦後にあらず）

日本で「戦後」と言えば，一般的に第二次世界大戦が終結した1945年以降の時期をさす。だが，東南アジアは決してそうではなかった。

冷戦初期にフィリピンと南ベトナムで活躍した著名な米国CIAエージェントであるエドワード・ランズデール（Edward Landsdale）の回顧録に“In the Midst of War : an American's Mission to Southeast Asia”というのがある。まさにそのタイトルの通り，第二次世界大戦終結後も東南アジアは様々な形態の戦争の真っ只中にあった。もっともランズデール自身が直接関わったのは，フィリピン国内の共産ゲリラとの紛争とベトナムにおける第一次インドシナ戦争であり（それだけでも十分激しいものだが），東南アジアが経験した戦争の一部に過ぎない。

インドネシア独立戦争，第一次インドシナ戦争，第二次インドシナ戦争（ベトナム戦争），カンボジア内戦，東ティモール紛争，フィリピン国内における共産勢力やイスラム教徒勢力との紛争，ミャンマーにおける少数民族との紛争など，日本の「戦後」の相当期間において，戦争・紛争と隣り合わせというのが，東南アジアの日常であったと言える

本章では特に，筆者が関与する機会のあった二つのケース（カンボジア和平，ミンダナオ和平）について取り上げることとしたい。

1　カンボジア和平

（カンボジア和平問題との出会い）

筆者がカンボジア和平の問題に初めて触れたのは，外務省に入って一年目の1989年である。

第二次世界大戦後，インドシナ紛争を経て独立し，一時は戦後の食糧不足に悩む日本に支援もしてくれるほど平和だったカンボジアは，東西冷戦の狭間で翻弄されることになる。1970年代から80年代にかけて，カンボジア情勢は，右派ロン・ノル政権によるクーデター，毛沢東主義のポル・ポト政権下での大量虐殺，ベトナムの侵攻によるヘン・サムリン人民革命党政権成立と，目まぐるしく変わった。1989年の時点では，ソ連およびベトナムの支援を受けた人民革命党政権と，中国および日本を含む西側諸国の支援を受けた三派連合（シハヌーク派，ソン・サン派，クメール・ルージュ）が対立する構造にあった。

もっとも，冷戦終結の年として知られるこの年は，この構造にも変化の兆しが見られていた。当時日本政府がほとんど没交渉だったカンボジア人民革命党政権に接触するため，河野雅治南東アジア第一課長がプノンペンを訪問することが大きく報じられるのをテレビで見て，「外務省の課長レベルの出張がこんなに大きく取り上げられるものなのか」と感じたのを鮮明に記憶している。当時の動きについては，同課長が後に執筆した「和平工作：対カンボジア外交の証言」に詳しい。

当時の検討課題として議論されていたのは，カンボジア和平合意が成立した後，どのような統治構造を作り，国際的に支援すべきかという点であった。大きく分けて，国連安保理の決定により設立された組織が暫定的に統治を引き受ける考えと，カンボジア国内の当事者間のパワーシェアリングに関する合意をベースにする考えの二つがあった。当時筆者が配属されていた国際連合局（現総合外交政策局）国連政策課は前者，アジア局（現アジア大洋州局）南東アジア第一課は後者の考えを推して様々な議論がなされていた。もっとも新入省員の筆者としては議論を垣間見ただけであり，時々，テレビで見た河野課長のいる南東アジア第一課におそるおそる書類を届けに行ったりしていたに過ぎない。

翌1990年夏から，筆者は海外（英国）留学したため，カンボジア和平の問題は時折報道で接する程度となった。その間，カンボジアでは国連カンボジア暫定機構（UNTAC: United Nations Transitional Authority in Cambodia）が発足し，明石康特別代表をヘッドとする国連機関による暫定統治が開始されていた。また当時勃発した湾岸危機・戦争終結後の日本による平和貢献についての議論がなされたこと，その後，国際平和協力法（PKO法）が成立し，同法に基づき自衛隊が戦後はじめての海外活動としてカンボジアのタケオに派遣されたこと，文民警察として派遣された高田晴行警視の殉職，国連ボランティアだった中田厚仁さんの死亡も留学先での報道を通じて知ることとなった。中田さんは同年齢であっただけに，とりわけ衝撃を受けたことを記憶している。

（平和の定着）

筆者が留学を終えて帰国し，他省庁出向を経て，外務省に戻ったのは1995年夏。配属されたのは，奇しくも新入省員の時におそるおそる足を踏み入れていた南東アジア第一課であった。配属後に初めてカンボジアを訪れた際には，アンコールワットに代表される豊かなクメール文化遺産に感銘を受けた一方で，プノンペンにあるポル・ポト時代に収容所として使われたトゥール・スレン博物館で目にした当時の悲惨な状況を伝える展示，とりわけ犠牲者の頭蓋骨でカンボジアの国土を形どったモニュメントに衝撃を受けた。プノンペンの街中は日本とは比べものにならない貧しい状況だったが，平和が戻っていたせいか，人々の顔が明るいように思えたのは印象的だった。またODA予算世界一となっていた日本の存在感は圧倒的であった。当時の日本大使はクメール語の専門家で長くカンボジアとのつながりを持ち，シハヌーク国王，フン・セン首相はじめカンボジア政府要人と深い関係を築いていた今川幸雄大使である。温厚な方であるが，その存在感故に初めて大使館で恰幅のよい夏服姿の大使にお目にかかった際は，まるでマッカーサーを彷彿とさせるものがあった。

当時のカンボジアの政治情勢は，UNTAC管理下での選挙を経て暫定統治を終えており，ラナリット第一首相（シハヌーク国王の息子）とフン・セン第二首相の二頭体制となっていた。表面上は穏やかだったが，両者の確執が取りざたされていた。UNTAC統治終了後の国際支援の枠組みとしてカンボジア復興国際委員会（ICORC: International Commission on Reconstruction of

Cambodia）が組織されていたが，最大の課題は国民和解を果たし，平和を定着させることであり，とりわけ，1998年に予定されていたカンボジア人自身による初の国政選挙を円滑に実施させることが目下の課題であった。この点は，日本政府も様々な機会をとらえてカンボジア政府側に国際的関心事項として伝えてきた。1996年に筆者も同行した柳井俊二外務審議官のカンボジア訪問の際には，シハヌーク国王，ラナリット第一首相，フン・セン第二首相らに日本の立場をそれぞれ伝えたが，とりわけラナリットとフン・センの互いによそよそしい関係は，カンボジアの統治体制の行末に一抹の不安を抱かせるものであった。

こうした状況の中，日本政府のイニシアティブとして打ち出したのが，両首相を日本に招聘し，日本を含む国際社会の前で平和の定着に向けてコミットしてもらうというものであった。1996年夏に，ICORC に代わる国際支援の枠組みとしてカンボジア支援国会合（CG：Consultative Group）が日本と世銀の共催により東京で予定されていた。カンボジアが国際社会に自らの努力を示し，支援を取り付ける重要な機会である。通常，この種の会合は外相，財務相など被援助国の閣僚級の出席が通例だが，首脳級であるラナリット，フン・セン両首相にも来てもらい，翌年の地方選挙及び翌々年の国政選挙実施を含む政治課題の討議に特化した非公式政治セッションを設けたのである。外務省内では援助課題を議論する支援国会合自体は経済協力局（現国際協力局）が，非公式政治セッションはアジア局が担当することになった。非公式政治セッション前日の晩には，会場となったホテルの一室で松富重夫南東アジア第一課長がカンボジアの外相，財務相と事前打ち合わせを行い，ラナリット，フン・セン両首相より国づくりに向けたカンボジア政府の決意を示して欲しいとの日本側の意図を伝達した。陪席した筆者は，事前打ち合わせとはいえ，日本政府の課長クラスが一国の外相，財務相とやりとりを行うことに，日本の影響力の大きさを感じたものである。

当日の非公式会合は柳井外務審議官が進行役を務め，ラナリット，フン・セン両首相が各国出席者の前で，国民和解，平和の定着に向けて協働していくことを述べたので，この時点では日本側の所期の目的は一応達成された。

しかしながら，結局両者の確執は解消されず。筆者が東南アジア担当を離れた後の翌1997年夏には紛争が発生する事態となり，フン・セン首相サイドの勝利に終わった。この結果，1997年に予定されていたカンボジアのASEAN加盟も遅れる結果となった（1999年に加盟）。

（日本外交にとってのカンボジア和平の意味）

カンボジア和平への関与は様々な意味で日本外交に大きな変化をもたらした。

まず，冷戦後初（というより戦後初）の平和構築への本格的な貢献となったということである。それまでも，イラン・イラク戦争の国連監視ミッションへの政務官の派遣や，ナミビア独立に際しての選挙監視団の派遣といった形での人的貢献の事例はあったが，外務公務員法など既存法令に基づく限られた数の文民派遣に限られていた。

しかしながら，湾岸危機・戦争の際，自衛隊による多国籍軍への後方支援を目指した国連平和協力法案の廃案という挫折は，その後の日本外交に強い影響を与えた。当時英国に留学中の筆者は一連の動きに実務面で関わることはなく，サダム・フセインのクウェート侵攻はサマースクールでのニュースで知り，その後の展開についても報道で知るのみであった。普段は経済面でぱっとしない英国人が，こういう国際政治・軍事的な話になると，生き生きとテレビでコメントしていたこと，当時飛ぶ鳥を落とすような勢いだった経済大国日本について，当初は湾岸危機・戦争でも強い影響力を発揮するだろうと期待されていたのが幻滅に変わり，やがて英国の報道から日本の存在が消えていったことを記憶している。その後の国際貢献をめぐる日本国内の激しい議論の状況，国際平和協力法（PKO 法）成立に至る過程は，英国メディアであまり報じられることはなく，インターネットの無い時代，大学図書館の東洋関係コーナーで閲覧できた日本の某全国紙の報道を通じて知ることができたのみであった。もっとも，海外の言語空間に身を置きながら，安全保障問題をめぐる日本国内の議論や日本メディアによる独特の論調に触れ，両者のギャップを体感したことは，その後安全保障問題に関わる上で良い経験だったと思う。

いずれにせよ，国際平和協力法（PKO 法）に基づき，自衛隊を含む相当規模の人的貢献を行った初めてのケースがカンボジアであり，その後の様々な法的枠組みの下で行われてきた，ゴラン高原や東ティモール，インド洋，イラク，南スーダン，ジブチ等での日本の活動の先駆けとなったと言える。

カンボジア和平を巡る議論はまた，平和構築において個別の状況に即してケースバイケースで様々なアプローチを考える必要があることを知らしめた。カンボジアでの和平成立後の暫定統治の仕組みについて，国連主導型で行くか，カンボジア国内各派のパワーシェアリングをもとにするかで，日本の外務省内でも議論があったことは既に触れた。結局カンボジアでは国連主導型になり，後述する東ティモールでも同様に国連主導の仕組みが活用されたが，あらゆるケースに適用されてきた訳ではない。2003 年のイラク戦争終結後は，国連の大規模関与を嫌う当時の米政権の方針もあり，米国主導の仕組みの下で暫定統治と復興支援活動が行われ，国連の役割は人道支援に限定された。また，後述するミンダナオ和平は，国連を介さない，フィリピン政府とイスラム教徒勢力の間の合意に基づき，一定の国際社会の関与を得た形で進んでいる。

平和構築の取り組みには，時として尊い犠牲を伴うことがあるという厳しい現実を日本に突きつけたのも，カンボジアの事例が最初であろう。既に触れたように，文民警察として派遣された高田警視の殉職，国連ボランティアの中田厚仁さんの死は日本政府と国民に大きな衝撃を与えた。1998 年に国連タジキスタン監視団で活動していた秋野豊政務官が何者かに射殺された事件，そして 2003 年にイラクで発生した奥克彦大使・井ノ上正盛書記官が射殺された事件は今も関係者の記憶に強く刻まれていると思う。リスクには細心の注意を払う必要があるが，ゼロにはできない。

どの程度のリスクを許容しながらどこまでの活動を行なっていくか，平和構築においては常にその見極めが求められる。

（カンボジアのその後）

1997年に南東アジア第一課を離れた後，筆者とカンボジアの縁は再び途絶えた。

復活したのは，15年後の2012年春である。筆者は国際協力局の気候変動課長として，地球温暖化問題の国際交渉・国際協力の任にあったが，カンボジアとの環境協力，特に温室効果ガスの吸収源となる熱帯雨林保全協力の協議のため久しぶりにプノンペンを訪れた。新しい空港施設や，市内のレストランの充実ぶりなど，1990年代当時とは見違えるようになっており，街中には明るい雰囲気が漂っていた。

首相は15年前と同じフン・セン氏であった。また，日本の存在感はもはや圧倒的なものではなくなっており，増大する中国のプレゼンスとカンボジア政府の対中傾斜姿勢が取りざたされていた。

それが顕在化したのは，同年の南シナ海のスカーボロ礁をめぐるフィリピンと中国との間の紛争への対応を巡ってASEAN外相会議が紛糾し，議長国カンボジアの対中傾斜の采配ぶりが大きな問題となった時である。結局，ASEAN外相会議はその歴史上初めて共同宣言を採択することが出来なかった。筆者のプノンペン再訪から数ヶ月後のことであった。

2　ミンダナオ和平

筆者がミンダナオ和平に関与しはじめたのは比較的新しく，2017 年夏に在フィリピン日本国大使館の次席公使兼政務公使としてマニラに赴任してからである。その前にもミンダナオ和平について耳にしたことはあったが，それは安全保障問題に関わった頃に平和構築の一つのモデル，すなわち国連を介在させず当事者間の合意に基づく「非国連型」モデルとして聞いたことがあるという程度であり，深い知識は全く持っていなかった。

（ミンダナオ紛争の歴史）

フィリピンではキリスト教徒が大多数を占めるが，フィリピン南部の島，ミンダナオ島西部には人口の約 5%に当る約 500 万人のイスラム教徒が居り，独自の文化を持っている。

ミンダナオ紛争の歴史は古い。

ミンダナオ島には 1521 年のマゼランのフィリピン来訪前の 13 世紀頃からイスラム教が伝来していたと言われる。スペインがフィリピン統治を始めた後も，その支配はミンダナオには及ばず，ミンダナオではスールー王国，マギンダナオ王国など独自の政治体制と文化が発達していた。20 世紀初頭まではミンダナオ地域の約 90%にイスラム教徒が住んでいたと言われる。

スペインに続く米国統治下における移住政策により，キリスト教徒の入植が始まった。第二次世界大戦後にフィリピンが独立を

ミンダナオ島とバンサモロ・ムスリム・ミンダナオ自治地域（BARMM）

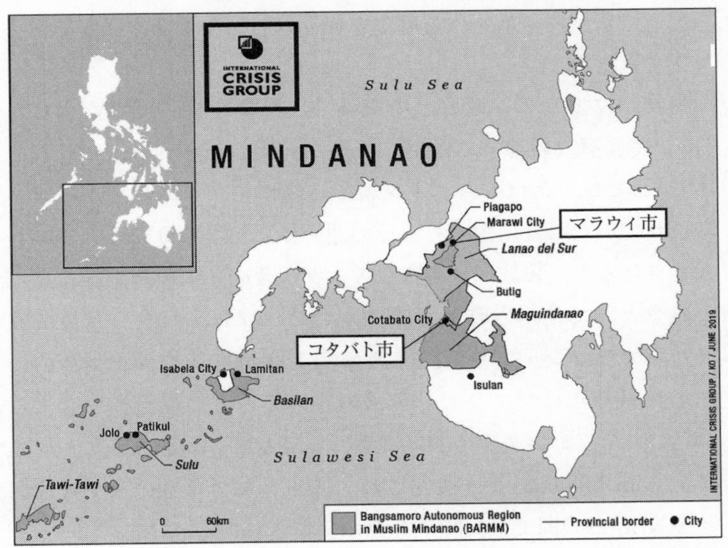

出典：International Crisis Group（一部筆者加筆）

回復した後も，キリスト教徒の移住は続き，移住を後押しするフィリピン政府は入植者に土地を無償で提供したが，これはイスラム教徒側からすれば先祖伝来の土地の収奪とみなされ，紛争の原因となった。特にマルコス政権やエストラーダ政権下ではフィリピン国軍とイスラム教徒勢力との間で激しい戦闘が行われた。

ミンダナオ和平に向けたフィリピン政府とイスラム教徒勢力の交渉は，その時々の政権のスタンスや治安情勢など様々な要因により一進一退を繰り返してきた。イスラム教徒勢力側も一枚岩ではなく，フィリピン政府と交渉を行う主流派に不満を持つ分子が分裂して新たな組織を作る歴史を繰り返し，和平交渉にも影響を与えてきた。

当初，フィリピン政府との交渉の主導権を握っていたのは，「モロ民族解放戦線」（MNLF: Moro National Liberation Front）である。「モロ」とは，スペイン統治時代にイスラム教徒がモロと呼ばれていたことに由来し，その語源は北アフリカの「ムーア」人とされるが，民族的に多様なミンダナオのイスラム教徒を束ねる概念として使用された。1986 年のピープル・パワー革命で成立したコラソン・アキノ政権は MNLF との和平交渉を積極的に進め，1990 年にフィリピン憲法の枠内で一定の自治権を有する「ムスリム・ミンダナオ自治地域」（ARMM: Autonomous Region of Muslim Mindanao）が設定され，1996 年には後継のラモス政権と MNLF との間で最終和平合意が締結された。

一方，「モロ・イスラム解放戦線」（MILF: Moro Islamic Liberation Front）は MNLF から分裂した，イスラム法の下でのイスラム国家の建設を目指す組織である。MILF はその後も武装闘争を続け，エストラーダ政権の時には全面戦争に突入して激しい戦いが繰り広げられた。後継のアロヨ政権になって，フィリピン政府と MILF の和平交渉が再開され，2001 年に最終的な和平合意に向けた諸課題を特定したトリポリ協定を結び，2008 年には土地問題についての合意がなされたが，同合意について最高裁で違憲判断が下され，和平交渉は頓挫する。

ベニグノ・アキノ政権の下，2011 年 8 月 4 日の日本の成田でのアキノ大統領とムラドMILF議長のトップ会談を経て，2014年にようやく「包括的和平合意」が締結された。同合意の下で，バンサモロ基本法を制定し，既存のARMM自治政府に替わる，より高度な自治権を付与する新たな自治政府が設立されることとなった。このプロセスは本来2016年に実現されるはずであったが，イスラム過激派勢力の関与による武力衝突で多数のフィリピン国家警察関係者が死傷した事件（ママサパノ事件）が発生し，またしても頓挫する結果となる。包括的和平合意の実施は，2016年に発足した初のミンダナオ出身大統領であるドゥテルテ政権に引き継がれることとなった。

2011年に成田でトップ会談を行ったアキノ大統領とムラドMILF議長

出典：フィリピン政府HP

以上，ミンダナオ紛争と和平プロセスの流れを概括したが，ミンダナオのイスラム教徒勢力の中ではフィリピン政府との交渉で前面に立ってきたMILFが現在主導権を握っているが，MNLFもスールー諸島を中心に依然として一定の影響力を保持している。また，MNLFやMILFから更に分派したアブ・サヤフ・グループやバンサモロ・イスラム自由戦士（BIFF: Bangsamoro Islamic Freedom Fighters）などの過激グループが時折テロ事件を起こす状況が続いている。

（日本の関与）

このミンダナオ和平に日本は早い段階から関与してきた。

その過程については，1990年代半ばよりフィリピンに関わってきた，ミンダナオ和平の第一人者である国際協力機構（JICA）の落合直之氏による「フィリピン・ミンダナオ平和と開発：信頼がつなぐ和平の道程」に詳しい。

前述の通り，アロヨ政権とMILFとの間で2001年にトリポリ協定が結ばれたのを受け，日本政府は翌2002年に「平和と安定のためのミンダナオ支援パッケージ」を打ち出し，既存のARMM自治政府の行政能力を向上させ，ARMM自治地域内の住民が被益する教育，保健，社会福祉を充実させるプロジェクトを実施してきた。

2006年以降は，より積極的に和平プロセスに関与するアプローチをとるようになる。具体的には同年より国際監視団（IMT: International Monitoring Team）に日本から要員を派遣するようになった。IMT はアロヨ政権の下でフィリピン政府と MILF との間で結ばれた合意に基づく停戦監視のため設置された組織であり，マレーシア，ブルネイ，日本，EU 等から派遣された軍人，文民から構成される。日本からは，開発協力で豊富な経験を有する JICA 職員を日本大使館所属とし，外交官の身分で IMT に派遣しており，主に社会経済支援に従事している。

IMT への JICA 職員の派遣は，2006 年に現地を訪問した緒方貞子 JICA 理事長のイニシアティブによるものである。国連高等難民弁務官（UNHCR）を務め，世界の紛争の現場を見てきた理事長ならではの判断と言える。前述の落合氏を含め，IMT に派遣された JICA 職員は，現地事情を最もよく知る専門家としてミンダナオ和平における日本外交を支えてきた。筆者のマニラ在勤中は，玉林洋介書記官，川本寛之書記官（のち池田龍介書記官）の二人体制であったが，マニラとコタバトを定期的に往復し，現地に幅広い人脈を張り巡らした彼らのおかげで，現地の事情が手に取るようにわかった。

2006 年以降，日本がこの地域で実施してきた社会経済支援プロジェクトは，「日本バンサモロ復興開発イニシアティブ」（J-BIRD: Japan-Bangsamoro Initiatives for Reconstruction and Development）と呼ばれる。バンサモロ（Bangsa Moro）とは，「モロの人々」という意味である。2013 年からは，JICA がコタバトに事務所を設置し，フィリピン政府，MILF，ARMM と連携しながら様々なプロジェクトを実施してきた。

その中の一つが，キャンプ・アブバカールにおける陸稲営農技術支援プロジェクトである。キャンプ・アブバカールは，コタバトから車で１時間半程度行った，かつてMILFの本拠地が置かれていたところである。この地では，エストラーダ政権の時の「全面戦争」の際には激しい戦闘が行われ，多くの血が流された。現在もMILFの実効支配下にあり，ARMM自治地域内ではあるがARMM自治政府の関与は弱く，ましてフィリピン政府の関与はほとんどない。

かつてここでは，とうもろこしの栽培が中心であったが，コメの方が高く売れ，陸稲であれば大規模な灌漑インフラも不要である。このプロジェクトは，JICA専門家が，日本がかつて技術指導した農業省傘下のフィリピン稲研究所（PhilRice）の関与を得て，現地の農民の生計向上に役立つ陸稲栽培指導を行うというものである。実施に際しては，MILF，フィリピン政府（農業省），ARMM自治政府という，必ずしも互いの信頼関係が十分でない関係者を巻き込みながら進める必要があった。これら全ての関係者と信頼関係を持つJICAが関わることで，実現できたと言っても過言ではないであろう。

MILF支配地域における農民は，半農半兵の郷士のような存在である。彼らの生計向上支援は，退役・武装解除プロセスを後押しするものでもある。この陸稲栽培プロジェクトは，バンサモロ基本法成立後に本格化する退役・武装解除プロセスを円滑に進める上で重要な示唆を与えるものであると言えよう。

筆者も一度現地に足を運んだが，椰子の木の下で青々と育つ一面の陸稲が大変印象的だった。

JICA 陸稲営農技術支援プロジェクト

出典：JICA マニラ事務所及び筆者提供

フィリピン政府，MILF 双方との間で信頼関係を築いてきた日本は，ミンダナオ和平プロセスの重要な局面で決定的な役割を果たしてきた。2011 年にフィリピン政府と MILF のトップであるアキノ大統領とムラド議長が交渉を前進させるため，秘密のトップ会談を行う場所として日本の成田を選んだのも，フィリピン政府・MILF 双方の日本に対する深い信頼の現れといえる。

（なぜ日本はミンダナオ和平に関与するのか？）

ここで，日本がミンダナオ和平に関与し，貢献することの意義について改めて考えてみたい。

上述の通り，ミンダナオ和平は，複雑な歴史的経緯のある問題である。とはいえ，フィリピンは今や高い経済成長を誇り，潜在力も大変大きい国である。イスラム教徒勢力との国民和解をとげ，復興支援を自前で行う力があるはずである（発展したマニラの街並みに身を置くとことさらそう感じる）。突き放してみれば，これは結局フィリピン人自身が解決すべき問題であり，日本を含む国際社会がどこまで関与する必要があるのかという疑問があってもおかしくない。この点は筆者も，折に触れて，フィリピン政府や議会関係者に対し「日本を含む国際社会はミンダナオ和平の推進を支援する用意はある」「ただし，これはフィリピン人自身のみが解決し得る問題であり，オーナーシップはフィリピンにある」「オーナーシップは資金負担など具体的なコミットメントの形で示されるべき」といった指摘を行ってきた。

その一方で，日本自身の国益確保の観点から，日本がミンダナオ和平に積極的に関与すべきだと考えた。それは以下の二つの観点からである。

第一に国際テロ対策の観点である。後述するマラウィ占拠事案を引き起こした過激グループのリーダーが中東のISILから認知を得ていたことに見られるように，フィリピンのミンダナオ西部（および隣接するマレーシア，インドネシア）には中東からのイスラム過激主義の影響が指摘されている。国境管理も厳格とは言い難い。この地域が過激主義，テロの温床になれば，東南アジアで活動する日本企業，日本国民に多大な悪影響が及びかねない。そうはさせないようにする必要がある。

第二は地域の安全保障の観点である。アメリカの同盟国であり，南シナ海の沿岸国であるフィリピンは日本にとって重要な安全保障面のパートナーであり，大きな潜在力も有している。しかしながら，ミンダナオ紛争のため，フィリピンの安全保障面の人的・物的資源は国内治安対策に費やされてきた。ミンダナオ和平の実現により，フィリピンがその持てる潜在力を国防に振り向け，地域の安全保障において責任あるパートナーとなることは，日本自身の安全保障にもつながる。

（マラウィ占拠事案の発生）

ミンダナオ和平におけるリーダーシップを期待されたドゥテルテ政権だが，就任後一年経った2017年5月にイスラム過激勢力（マウテ・グループ）によりミンダナオ西部の都市マラウィが占拠されるという事態が発生する。ミンダナオ島全土に戒厳令がしか

市街戦で破壊されたマラウィ市街（上），
モスク（左下），教会（右下）

出典：筆者提供

れ，以後数ヶ月に及ぶ市街戦が繰り広げられることとなった。最終的な死者は1000人を超え，その大多数は首謀者のイスニロン・ハピロンやマウテ兄弟を含む過激派勢力側だが，国軍兵士や一般市民の犠牲も生じた。また多くの市民が長期間の避難生活を強いられている。筆者も市街戦終結から1年となる2018年10月に現地を訪れたが，爆撃・市街戦で廃墟と化した一画は，建物の残骸が続く街並みが映画のセットかと見紛うほどリアリティが感じられない惨状であり，また街の周辺で見かけた避難民テントの一群には心が痛むものがあった。

この事案発生により，日本政府，JICAもミンダナオ西部で実施していた援助プロジェクトを停止し，現地の援助関係者やIMTに派遣されていた玉林書記官，川本書記官もマニラに退避することを余儀なくされた。

筆者がフィリピンに着任したのは，このような状況であった。

(バンサモロ基本法成立によるミンダナオ和平の新たな段階)

数ヶ月に及んだマラウィ市街戦が終結し，ドゥテルテ大統領がマラウィ解放宣言をしたのが2017年10月，大統領の2度目の日本訪問の直前であった。これにより，再びミンダナオ和平が再始動することになった。日本の援助関係者も徐々に現場に戻り始めた。

年が明けて2018年，フィリピン議会においてアキノ政権からの積み残しであったバンサモロ基本法案の審議が動き始め，同年7月に「バンサモロ基本法（BOL: Bangsamoro Organic Law）」が成立した。同法の規定に従えば，まず翌 2019 年はじめに対象地域における住民投票で承認される必要があり，その後，現在の ARMM に替わってバンサモロ暫定自治政府（BTA: Bangsamoro Transition Authority）が発足することになる。その後，2022 年までの移行期間を経て，2022 年の国政選挙と合わせてバンサモロ議会選挙を行い，同議会の指名により選出される首相（Chief Minister）が率いるバンサモロ政府（Bangsamoro Government）が発足する段取りとなった。

バンサモロ基本法の成立

出典：フィリピン政府 HP

（和平進展にあわせた日本の新たな貢献）

ミンダナオ和平プロセスが新たな進展を見せる中，これまでの実績を踏まえつつも，如何に日本の支援を新たな状況に合わせていくか。これがフィリピン在勤中に筆者が持ち続けた問題意識であった。

まずは，現場を見る必要がある。マラウィ情勢が落ち着き，フィリピン議会でバンサモロ基本法の審議が本格化していた2018年4月以降，バンサモロ基本法の成立や，住民投票，バンサモロ暫定自治政府の発足など，節目節目の機会をとらえて西ミンダナオの中心都市コタバトを訪れた。そして，フィリピン政府関係者，MILF幹部，ARMM自治政府幹部，国際機関関係者，現地のJICA関係者と意見交換を重ねながら，JICAが実施してきたプロジェクト（前述の陸稲栽培プロジェクトなど）の視察も行った。結局，2019年6月にフィリピンを離れるまでの間で，コタバト訪問は合計6回に上った。

コタバトは，ミンダナオ西部の中心都市である。空港は20数年前の東南アジアの主要空港がそうであったように，飛行機は全て沖どめ。飛行機のタラップを降り立つとマニラよりもひときわ強い熱帯の日差しを浴びる。のんびりした雰囲気のフィリピンの地方都市ではあるが，ミンダナオ紛争のため外務省の渡航情報ではレベル3（渡航中止勧告）の地域であり，日本人の通常の渡航はしないよう要請されている地域である。空港から出るとすぐに隣接して駐屯するフィリピン国軍第6歩兵師団所属部隊の護衛を受けて移動することになる。

コタバト空港（上）と郊外のモスク（下）

出典：筆者提供

街中は，イスラム教とキリスト教が混在する中で不思議な雰囲気を醸し出している。フィリピンの他の街では見られないようなエキゾチックな旗がたなびいており，また街の外れにはブルネイの援助で建設された立派なモスクがある。毎朝，ホテルからは街中の拡声器から流れるコーランの声が聞こえる。一方，キリスト教の教会もある。異なる宗教施設が街中に混在する様子は，ヨーロッパ在勤中に訪れたボスニア・ヘルツェゴビナの首都サラエボを彷彿とさせるものがあった。市内には，これまで弱いながらも一定の自治を認められたARMM自治政府の本部庁舎がある。他方，コタバト市自体はこのARMMへの参加を拒否してその域外にいるという奇妙な状況がこれまで続いてきた。

MILFの本拠地キャンプ・ダラパナンは，コタバト市から車で数十分足らずのところにある。キャンプ（駐屯地）といっても，MILFの兵士とその家族が生活しており，映画「ラスト・サムライ」に出てくる，幕末というより戦国時代の半農半兵の農村を思わせるような独特な雰囲気である。日本は国際監視団（IMT）のメンバーであり，またJICAもMILF側によく知られているため，我々はそれほど緊張するわけではないが，一緒に移動して警備エ

MILFの本拠地キャンプ・ダラパナン

出典：筆者提供

スコートしてくれるフィリピン国軍兵士にとって，ここは「敵地」であり，彼らは緊張した面持ちとなっていた。

一連の現地視察，意見交換から浮かび上がってきた課題は以下のようなものである。

○バンサモロ基本法承認のための住民投票の円滑な実施

バンサモロ基本法では，ミンダナオ西部の対象地域における住民投票による承認を発効の要件としていた。同地域にはイスラム教徒，キリスト教徒，少数民族が入り組んでおり，バンサモロ基本法に対する姿勢も賛否両論が入り乱れていた。安全，円滑に住民投票を実施することがまず当面の課題であった。

○新たに設立されるバンサモロ暫定自治政府（BTA）の能力構築

バンサモロ基本法の発効にともない，これまで現地の行政・立法を担っていたARMM自治政府が廃止され，新たに設立されるバンサモロ暫定自治政府（BTA）が行政・立法機能を担い，3年後の議会選挙，議院内閣制に向けた準備を進めることとなった。ARMMがMNLF主体であったのに比し，BTAはMILF主体となることが見込まれた。いわば，徳川幕府に替わって薩長主体の明治政府が出来るようなものである。BTAの行政能力は未知数であり，能力構築が必要であった。

○ MILF兵士の退役・武装解除の円滑な実施

MILFは半農半兵の武装要員を約4万人抱えていると言われている。2014年の包括和平合意に基づき，バンサモロ基本法成立後，この武装要員を三段階で退役・武装解除させ，農業従事者や地方警察などの公務員に転換させていくこととなっている。この武装解除は数年前に象徴的な形で一部行われたものの，本格的な取り組みはこれからの一大プロジェクトとして残っていた。

この退役・武装解除プロセスにおいて紛争当事者であるフィリピン政府及びMILFが重要な役割を果たすのは言うまでもない。これまで反目してきたフィリピン国軍・国家警察とMILFの兵士たちが一緒になって合同和平・治安チーム（JPST: Joint Peace and Security Team）を構成して治安維持にあたり，最終的には地域警察に移行させていく野心的な取り組みである。このプロセスにおいて国際社会が関与・貢献する仕組みとして注目されたのが「独立退役・武装解除機関」（IDB: Independent Decommissioning Body）という第三者的立場から退役・武装解除プロセスをモニターする組織である。すでにノルウェー，トルコ，ブルネイといったいくつかの国が退役軍人を現地に派遣したりして関与を始めていた。これまで主に上述のIMTを通じて関与してきた日本も，このIDBを新たな支援チャネルとして注目するようになった。

○社会経済活動の拡大による平和の配当

ミンダナオ和平を軌道にのせるためには，多くの人々が平和の配当を享受し，そのメリットを実感できるようにすることが不可欠である。BTAがそうした結果を出すことが人々のBTAに対する信頼感を生むし，逆にそれが出来なければ失望が不満分子を生み，プロセスを頓挫させかねない。JICAがJ-BIRDを通じて行ってきた協力を更に拡大していく必要があった。前述の陸稲栽培プロジェクトの例で言えば，「点」の成果を「面」に拡げて行く必要があった。

総括すると，従来の日本の支援は，フィリピン政府，MILF，ARMM 自治政府といったあらゆる当事者との信頼関係をベースにしつつ，停戦合意の国際監視に加わり，また住民に裨益する社会経済プロジェクトをあるときは MILF，あるときは ARMM 自治政府と連携しながらプラグマティックな形で実施するというものだった。しかしながら，バンサモロ基本法の成立という新たな段階に至り，従来の支援のチャネル，アプローチを大きく変える必要があるように思われた。

すなわち，今や MILF も統治者として，フィリピン政府と対立関係ではなく，協力しながら，他のイスラム諸勢力，キリスト教徒，少数民族など新たな自治地域に住む全ての人々に「平和の配当」をもたらす責任がある（さもないと，マラウィ事案のように，国外からイスラム過激主義が流入し，和平プロセスを頓挫させかねない）。その中核的役割を果たすのがバンサモロ暫定自治政府（BTA）であり，この BTA がフィリピン中央政府と連携しながら開発計画を策定し，具体的なプロジェクトを実施していかなくてはならない。退役・武装解除プロセスもその中に組み込まれる必要がある。

BTA を盛り立て，IDB を通じて退役・武装解除プロセスを支援し，「平和の配当」を一つ一つ実現していく。これが，日本の新たなミンダナオ和平支援の基本的考えとなった。

（バンサモロ・フォーラム）

2018年7月のバンサモロ基本法成立から，翌2019年初めの住民投票を皮切りとした一連のプロセスが始まるまでの準備期間は短かった。住民投票は，当初は2018年中の実施が予定されていたが，準備が追いつかず，何度か延期されていた。バンサモロ基本法では今後どのようなステップが想定されるのか，幾つもの具体的疑問が湧いてきた。すなわち，

・住民投票に必要な作業（投票人名簿の作成，投票場所の設置等）の進捗状況はどうか？
・住民投票での承認，基本法発効後には，現行のARMM自治政府が解体され，新たにバンサモロ暫定自治政府（BTA）がとって替わるが，引き継ぎ作業はどのようになされるのか？
・新たな暫定自治政府の幹部の人選はどう進むのか？
・退役・武装解除プロセスはどのようなスケジュールで進むのか？
・現地の治安状況はどうか？
・フィリピン政府及びMILFは国際社会にどのような支援を期待しているのか？

筆者自身が考えただけでも以上のような疑問があったし，おそらく各国外交団・国際機関も同様であろうと考えた。

そこで，日本大使館からフィリピン政府・MILF関係者の双方に対し，バンサモロ基本法成立後の和平プロセスに国際社会の理解と支援を得ていくためにも，全体像をきちんとマニラの各国外

交団・国際機関に対して丁寧に説明した方が良い，そうした場を日本がアレンジしたいと働きかけ，両者から承諾を得た。そして，12月11日，「バンサモロ・フォーラム」と銘打った１日がかりのシンポジウムを日本大使館とマニラの国連事務所の共催で行った。ここで，数十カ国の外交団・国際機関関係者を前に，フィリピン政府・MILF関係者から今後の和平プロセスと国際社会の支援への期待について語ってもらったわけである。会場はJICAマニラ事務所で行い，冒頭セッションでは東京からテレビ会議方式で北岡伸一JICA理事長に参加してもらうなど，JICAに全面協力してもらった。国連との共催にしたのは，日本単独で行うより

バンサモロ・フォーラム

BANGSAMORO FORUM

11th December 2018
JICA Philippines Office

出典：在フィリピン日本国大使館

も各国・国際機関を巻き込む上で都合が良いからであるが，フィリピン政府とMILFの双方に顔が利く日本が仕切っていることは明らかであった。翌年からの一連のプロセスを前に，関係者一同が問題意識を共有する重要な機会となった。

(住民投票)

2019年に入り，1月21日に住民投票が行われた（一部残余の地域は2月6日に実施）。

フィリピンでは，3年毎に国政選挙，6年毎に大統領選挙が行われており，選挙自体のノウハウの蓄積はある。しかしながら，今回の住民投票はいくつかの意味で不安を抱えていた。

最大の不安要因は，中心都市コタバト市の帰趨であった。イスラム教徒とキリスト教徒が混住するコタバト市は，これまでARMM自治政府本部庁舎の所在地でありながら，行政的にはARMM自治地域の外にいるという奇妙な立ち位置であった。今回の住民投票で，コタバト市が新たに画定される「バンサモロ・ムスリム・ミンダナオ自治地域」(BARMM: Bangsamoro Autonomous Region of Muslim Mindanao）に帰属し，名実ともに暫定自治政府の中心都市になるか否かは最重要のポイントであった。仮にコタバト市の住民がBARMM自治地域への帰属を拒否すれば，MILFにとって大きな痛手となるのみならず，和平プロセス全体が流動化しかねないという意味でフィリピン政府にとっても重大な問題となり得たであろう。一方，コタバト市の特にキリスト教徒住民からすれば，住民登録が急増するMILF関係者に頭数で凌駕された形でBARMM自治地域に組み込まれれば，自分達の生活が脅かされると不安に感じてもおかしくない。実際，現職コタバト市長（サヤディ女史）はBARMM自治地域への帰属に反対を表明していた（数ヶ月後に控えた市長選における対立候補の下院議員が賛成を表明していたことから，市長の反対姿勢の背景には選挙対策上の政治的考慮があるとの見方もあった）。このほか，バンサモロ基本法への賛意を留保していたMNLF一派の影響力が強いスールー諸島の動向も気になるところであった。

もう一つの不安要因は治安情勢である。もともとフィリピンでは，選挙のたびに流血の事件が起きることが珍しくない。特にミンダナオでは「リド」と呼ばれる伝統的な部族対立がしばしば見られる。更にいくつかのイスラム過激グループによる和平プロセスの妨害を目的としたテロ活動も懸念されていた。ミンダナオでは簡易爆弾（IED: Improvised Explosive Devices）による爆破事件が頻発するほか，2018年には島嶼部で自動車爆弾による死傷事案など新たな手口も見られ，年末年始にはモスクや教会での爆破事件も起きていた。多くの人々が集まる住民投票の現場は，格好のターゲットになりかねなかった。

住民投票の透明性確保のため，フィリピン政府からは各国に対して監視団派遣の招待がなされていた。治安情勢や各国の対応を慎重に見極めた結果，日本からは鈴木憲和外務大臣政務官を団長とする監視団を派遣することとし，筆者もマニラから加わった。治安上の観点から，現地視察は最小限に絞らざるを得なかったが，この機会にムラドMILF議長，ガルベス大統領顧問という，MILF

住民投票の様子

出典：在フィリピン日本国大使館

とフィリピン政府の責任者との会談を行い，新たな段階に至った和平プロセスへの日本の支援のコミットメントを改めて示すことができたのは大きな意義があった。

住民投票の結果，焦点だったコタバト市は新たなBARMM自治地域への編入が多数をもって承認された。また，MNLFの拠点である島嶼部のスールー島単体では反対が多数を占めたものの，個々の自治体ではなく現行ARMM自治地域全体で賛否を決定するとの規定により，スールー島も含む既存ARMM自治地域のBARMM自治地域への移行が決まった。一部の他の小規模自治体では参加が否決されたものの，総じて言えば，既存のARMM自治地域にコタバト市等が加わる形でBARMM自治地域が発足するという，まずまずの結果となった。

（バンサモロ暫定自治政府の発足）

住民投票の結果が出た直後の2月9〜11日に，河野太郎外務大臣のミンダナオ・ダバオ訪問が実現した。2019年1月からダバオ市の日本の領事事務所が総領事館に昇格したのに合わせて計画されたものであるが，新たなステージに立ったミンダナオ和平に対する日本の支援を示す絶好の機会ともなった。

ダバオでは，河野大臣は，ドゥテルテ大統領表敬，ロクシン外務大臣ほか主要閣僚との会談を行った他，コタバトから陸路で数時間かけてやってきたムラドMILF議長とも会談した。一連の会談において河野大臣は，住民投票の成功に祝意を述べつつ，今後，バンサモロ暫定自治政府（BTA）の発足という重要な段階を控え，行政能力の強化，MILF元兵士の退役・武装解除の円滑な実施が極めて重要である点を指摘した。その上で，和平プロセスの進展に呼応して日本も支援を強化していく旨述べ，具体的支援策の一つである「ミンダナオ紛争影響地域道路ネットワーク整備計画」に関する交換公文の署名を行った。これは紛争と貧困によ

ムラドMILF議長と会談する河野外務大臣（左）と
ミンダナオ紛争影響地域道路ネットワーク整備計画に関する
交換公文の署名（右）

出典：外務省

り道路インフラ投資が遅れている西ミンダナオにおける道路網整備を支援することで地域経済の活性化を図るためのものである。また2017年の市街戦で荒廃したマラウィ市の環状道路整備も対象に含めることで同市の復旧・復興を後押しすることも目的としている。同じフィリピンでもマニラと西ミンダナオの交通インフラ問題は性質が異なる。筆者自身，陸稲栽培プロジェクトやマラウィ市視察の際，ひどい舗装状態の道路での長時間の車移動を体感したが，本件は時宜を得たプロジェクトだと言えよう。

加えて，マラウィ市における職業訓練センターの再建や，MILF兵士の退役・武装解除の活動支援のため，UNDPを通じた合同和平治安チーム（JPST）及び独立退役・武装解除機関（IDB）への車両及び機材の供与も行うこととなった。

2月22日，バンサモロ基本法に従いドゥテルテ大統領がムラドMILF議長をバンサモロ暫定自治政府の暫定首相に任命，あわせて同首相を含む80名の暫定自治政府委員を任命し，バンサモロ暫定自治政府（BTA）が正式に発足した。80名の内訳は，MILF関係者が41名，残り39名はフィリピン政府推薦によるMNLF，キリスト教徒，少数民族関係者であり，微妙なバランスが保たれている。マラカニアン宮殿で行われた発足式典には，ドゥテルテ大統領以下のフィリピン政府関係者，各国外交団が見守る中，ムラド暫定首相以下の暫定自治政府委員が参列したが，一同イスラム風にアレンジされたバロン・タガログ（フィリピンの民族衣装）に身を包んで勢ぞろいした姿は壮観であった。

バンサモロ暫定自治政府（BTA）発足式典におけるドゥテルテ大統領（左），ムラド暫定自治政府首相（中央），ジャアファ暫定自治政府議会議長（右）

出典：Associated Press

（2022年に向けて）

2019年3月にコタバトを訪れた際には，ムラド暫定首相以下のMILF幹部達がキャンプ・ダラパナンのMILF本拠地からコタバト市内にある旧ARMM本庁舎建物に移り，暫定自治政府が動き始めていた。

5月にはフィリピン全土で中間選挙が行われ，コタバト市ではバンサモロ地域への参加に反対の立場を表明していた現職のサヤディ市長が再選された。1月の住民投票の結果，コタバト市のバ

ムラド暫定自治政府首相表敬（左）とサヤディ・コタバト市長表敬（右）

出典：筆者提供

ンサモロ地域の帰属は既に決定しており，コタバト市に本庁舎をおいて暫定自治政府も動き始めている。これまでの経緯はともかく，暫定自治政府とコタバト市が緊密に協力してもらう必要がある。この点については，6月のフィリピン離任前最後のコタバト訪問の際に，サヤディ市長を表敬訪問した際に強調した。加えて，ムラド暫定自治政府首相にも離任挨拶を行った。

こうして，筆者のミンダナオ和平との接点はひとまず一区切りをつけた。

3　補論：東ティモールとアチェ

筆者は直接関与していないが，1990年代末から2000年代前半にかけて大きな動きのあった，東ティモールとアチェの問題について簡単に触れておきたい。

特にアチェについては，ミンダナオ和平においてMILF関係者が一つのモデルとして捉えており，今後のミンダナオ和平の行末を考える上でもアチェの事例は参考になると思われる。

（東ティモール）

ポルトガルの植民地だった東ティモールは1974年のポルトガルの政変を機に独立機運が高まり，1975年に独立宣言をするが，同年にスハルト政権下のインドネシアが侵攻し，翌1976年に併合を宣言した。国際社会の非難にもかかわらず，インドネシアによる統治が続いた。

状況が大きく変わるのは，1997年のアジア金融危機に端を発したインドネシアの経済危機が政治危機に転化し，翌1998年にスハルトが退陣してからである。後任のハビビ大統領は東ティモールの独立を容認し，1999年に住民投票が行われ，圧倒的多数が独立に賛成する結果となった。独立派と併合派の争いが激化する中で，治安が極度に悪化。背後にインドネシア国軍が陰に陽に介入しており，インドネシアが厳しい国際的非難を受けていたのは，第２章でも言及したとおりである。結局，国連が介入し，安保理決定を受けて設立された国連東ティモール暫定行政機構（UNTAET）が統治を行うこととなり，後にイラクで爆弾テロの犠牲となったセルジオ・デ・メロが代表に就任した。

2002年に大統領選挙が行われ，東ティモールは主権を回復したが，その後も治安状況の問題もあり，最終的に現地の国連ミッションが解散したのは10年後の2012年である。

この間，日本は民生支援のほか，PKO法に基づく自衛隊施設部隊の派遣や，文民警察支援を行った。

（アチェ）

スマトラ島の西端に位置するアチェは，イスラム教がインドネシアに伝播した最初の地であり，「セランビ・メッカ（メッカのベランダ）」と呼ばれた。独立国「アチェ王国」として，オランダと戦った歴史も有している。

インドネシア独立以来，アチェはスカルノ，次いでスハルト率いるジャワのインドネシア中央政府とは緊張関係を孕んでいたが，1976年の「アチェ独立運動」（GAM）による独立宣言，武装蜂起により，対立が決定的となる。1989年以来，スハルト政権はアチェを「軍事作戦地域」に指定した。

1998年のスハルト退陣と前述の東ティモールの独立にむけた動きは，アチェの独立運動も刺激したが，インドネシア側も国家の一体性についての危機感を強めた。2000年5月にワヒド政権はGAMと停戦合意に至り，2002年12月には，日米欧による和平仲介により，東京での準備会合を経てジュネーブで和平協定の締結に至る。しかしながら，翌2003年5月に和平合意は破綻し，民族主義志向の強いメガワティ政権は非常事態を宣言し，軍事作戦を発動した。

転機となったのは，2004年に初の直接選挙により，メガワティ政権下で担当閣僚として和平を推進していたユドヨノが大統領に就任したことと，同年12月のスマトラ島沖大地震・インド洋津波によりアチェが甚大な被害を受けたことである。インドネシア政府とGAMは和平交渉を再開し，翌2005年8月15日，ヘルシンキで和平合意がなされた。同合意に従って，GAMの武装解除，国軍の撤退もなされている。

（アチェとミンダナオの比較）

アチェとミンダナオとを比較すると，いくつかの類似点が見てとれる。

第一に，中央政権の方針が「武断」から「文治」に転換する中で，和平の進展を見た点である。

インドネシア・アチェの場合は，スハルト政権下での長年の国軍による抑圧から，東ティモール独立を容認したハビビ政権を経てワヒド政権で停戦合意が実現した。他方，国の一体性を重視するメガワティ政権下での和平は短命に終わり，後継のユドヨノ政権になって自然災害の契機もあり最終的な和平合意に至った。

フィリピン・ミンダナオの場合は，マルコス政権が軍事対決路線だったのがコラソン・アキノ及びラモス政権で対話路線に転じてMNLFとの最終和平合意が実現した。次のエストラーダ政権でMILFとの「全面戦争」に突入したが，アロヨ及びベニグノ・アキノ政権で対話を再開して包括和平合意に至り，ドゥテルテ政権に引き継がれた。

こうした路線転換の背景には，リーダー及び交渉当事者の資質や，その時々の国際環境など様々な要因があろうが，長年の流血が当事者間に平和を渇望する機運を醸成した面もあるであろう。

第二に，和平の最終到達点が「完全独立」ではなく「主権国家の枠内での自治権拡大」になっている点である。フィリピン，インドネシアとも多民族国家であり，中央政府の側からすれば，国家の解体につながる完全独立はレッドラインとなる（東ティモールの独立はスハルト退陣後の特殊な政治状況による例外的な事例のように思われる）。その一線を超えない前提で，いかに自治権を実質的なものとするか（天然資源権益や徴税権などによる財政基盤強化，イスラム法の一部適用など）が和平合意の主要論点となった。もっともこれは，ある種の妥協を伴うものであり，過去のミンダナオ和平の歴史にも見られるように，合意に不満なグループの分派，過激化のリスクをはらむものである。

第三に，治安問題への対処である。長年の紛争により，力を行使してきた国軍・国家警察への現地の不信感は根強く，それ故，自らを守るための武装解除は容易ではない。アチェではGAMの武装解除は実現したが，ミンダナオでのMILFの武装解除は現在進行中であり，今後の実施がカギとなる。

第四に，国際社会による支援である。最終的な和平実現の成否は紛争当事者自身にかかっているが，長年の不信感を解きほぐしながら，両者を交渉のテーブルにつかせる過程や，また和平後の平和の配当実現の過程において，国際社会は一定の役割を果たし得ることを，この二つの事例は示している。いずれの事例においても日本は紛争当事者双方との信頼関係があり，主要な役割を果たしてきたと言える。

コラム１　ミンダナオ和平のキーパーソン

ミンダナオ和平に携わって以来，数多くの現地のイスラム組織及びフィリピン政府関係者と協議を行なう機会を持った。ここでは，特に印象的だった３名のキーパーソンを紹介することとしたい。

○ムラド・イブラヒム（Murad Ebrahim）**・バンサモロ暫定自治政府首相兼モロ・イスラム解放戦線議長**

モロ・イスラム解放戦線（MILF）のトップを長年務め，バンサモロ基本法成立に伴い発足したバンサモロ暫定自治政府の首相（Chief Minister）に就任。明治政府にたとえれば，伊藤博文のような存在である。

2018年夏にフィリピン議会でバンサモロ基本法が成立した後の同年９月，コタバト郊外にあるMILFの本拠地キャンプ・ダラパナンを訪れ，同法に基づき今後予想されるプロセスについてじっくりと意見交換したのが初めての出会いである。以後，マニラを離任する翌2019年夏までの一年弱の間に様々な機会にやり取りを行った。昔，アフガニスタンで訓練を受けたそうだが，笑みを絶やさない穏やかな人物である。面会した際には，いつも「議長閣下（Mr Chairman）」と呼びかけていたが，暫定自治政府発足後は，「首相閣下（Mr Chief Minister)」と呼びかけるようにした。ある面談の際には，「首相閣下，これまではMILF議長としてMILFあるいはイスラム教徒のために尽力されてこられました。これからは，暫定自治政府の首相として，バンサモロ地域に住むイスラム教徒，キリスト教徒，少数民族など全ての人々の生活に責任をお持ちになりますね。」と述べたところ，ニッコリ笑って肯きつつ，「その通り。特にクイックインパクトの支援が重要であり，日本にも引き続き支援をお願いしたい」と述べていた。

ムラド暫定自治政府首相

出典：バンサモロ暫定自治政府及び筆者提供

○ガルベス（Carlito G. Galvez）平和プロセス担当大統領顧問

ドゥテルテ政権におけるミンダナオ和平担当の大統領顧問(閣僚級)。フィリピン国軍トップの参謀総長を退役後，長年のミンダナオ経験を買われて抜擢された。フィリピン国軍においてミンダナオでのポストが長く，MILF 関係者からの絶大な信任を得ている。それを感じたのは，同人が国軍参謀総長に就任した際にムラド議長以下 MILF 幹部がこぞって長年の「敵地」であるマニラのフィリピン国軍本部（キャンプ・アギナルド）を訪れたとの報道を目にした時である。同人も国軍参謀総長として初めてかつての「敵地」である MILF の本拠地キャンプ・ダラパナンを訪れている。

筆者が同顧問と初めて接点を持ったのは同人がフィリピン国軍参謀総長に就任した2018年の半ばである。夕食をともにしながら南シナ海問題や日本とフィリピンの安全保障協力について突っ込んだ意見交換を行った。同人のミンダナオ和平担当大統領顧問に就任した後は，フィリピン政府のキーパーソンとして節目節目でやりとりを行った。

ワーカホリックと言って良いほどの勤勉な人物である。面談の際には世間話や儀礼的なやりとりはあまりなく，すぐに本題，具体論に入るのが常である。離任に際して，挨拶を兼ねて短時間儀礼的なやりとりをしようと思ったら，同人が丸一日会議を行っている場所に夕方呼ばれ，結局，小一時間意見交換をすることになった。さらに日を改めて送別の夕食会を設けてもらい，日本の自衛隊記念レセプションに一緒に出た後，遅い夕食をともにしながら，ミンダナオ和平の今後について意見を交わした。

印象的だったのは，数ヶ月にわたったマラウィ市街戦に話が及んだ時である。静かな口調ながら，「自分はマラウィ市街戦で攻撃命令を出す立場にあり，多くの部下を死なせた。だからマラウィの１日も早い復興には特に責任を感じている。」と述べていた。

ガルベス大統領顧問

出典：フィリピン政府及び筆者提供

○故ガザリ・ジャアファ（Ghazali Jaafar）・バンサモロ移行委員会委員長・バンサモロ暫定自治政府初代議長

ミンダナオ和平関係者の中で初めて会った人物である。マニラに着任して間もない2017年の9月頃，日本大使館で面会した。長年MILFの渉外担当としてフィリピン政府と交渉するとともに日本を含む国際社会との対話の窓口役を務めてきた。ムラド議長が伊藤博文だとすれば，ジャアファ氏は陸奥宗光といった役回りである。ミンダナオ和平についてまだ十分知識がなかった筆者に対し，これまでの経緯を解説しつつ，アキノ政権からの懸案となっていたバンサモロ基本法案の早期成立に向けた，ドゥテルテ政権や議会関係者との交渉の状況を話してくれた。小柄だが鋭い眼光が印象的で，よく「フィリピン政府との交渉がうまく行かなかったら，自分たちはいつでも山に戻る（徹底抗戦する）用意があるのだ」と言うのが口癖だった。

以後，コタバトやマニラで何度か会い，バンサモロ基本法案のフィリピン議会審議の見通しや，成立後の諸課題について意見交換を行ったが，2018年夏頃から体調を崩し，面会が困難になってしまった。最後に会ったのは，2019年2月，バンサモロ基本法承認のための住民投票を経てバンサモロ暫定自治政府の発足式典が行われたマラカニアン宮殿である。久しぶりに見かけたジャアファ氏は車椅子姿で別人のようであった。同氏に握手しながら「おめでとうございます（Congratulation）」と声をかけたのに対し，弱々しい声ながらはっきりと「ジャパン」と一言返してくれたのが，最後のやりとりとなった。ジャアファ氏は初代暫定自治政府の議長に任命されたものの，議会開会を待つことなく世を去った。3月のコタバト出張の際には，同氏の自宅に弔問に訪れ，御夫人と御子息にお悔やみを述べた。

ジャアファ・バンサモロ暫定自治政府初代議長

出典：Bangsamoro Transition Commission

3人に共通するのは，長年の紛争により，多くの同僚，部下を戦闘で死なせた経験を持つ，本当の「血の匂い」を知っている人達であるということである。現代の日本人でそうした経験を持つ人は多くないであろう。3人とも穏やかな語り口の人物であるが，どことなく哀しげな面も垣間見えたのは，そのせいかなとも思っている。

コラム2　奥克彦さんと高橋妙子さん

平和構築における日本外交を語る上で欠かせない人物が，奥克彦さんと高橋妙子さんである。外務省では筆者のそれぞれ8期，7期先輩にあたる。残念ながら，奥さんは2003年にイラクで凶弾に倒れ，また高橋さんは2011年に病魔に冒され，不帰の客となった。

奥克彦さんは外務省における英国留学組かつ体育会系の先輩である。1996年末にペルー日本大使公邸占拠事件が発生した際，同じ予算関連の部局で一緒に仕事をする経験に恵まれた。一見おっかなく，かつ実際におっかなかったが，豪放磊落という表現がぴったりくる頼りになる先輩であった。

2003年初め，イラク戦争勃発が秒読み段階になった頃から，当時米国の日本大使館で経済問題を担当していた筆者は，戦後の対イラク復興支援についてワシントン・ベースで米国関係機関との連絡調整を担当することになった。当初米国防省内に設置された復興人道支援局（ORHA: Office of Reconstruction and Humanitarian Assistance）が現地に主力を移す際に，現地要員として白羽の矢が立ったのが当時在英国日本大使館にいた奥さんである。米国，英国，イランに勤務経験があり，本省では国連の担当課長を経験，復興支援に欠かせない予算にも明るい。元ラガーマンで体力もある。これ以上ないベストの人選であった。2003 年 3 月に戦争が始まり，間もなくバクダッドが陥落した後，隣国クウェートに待機していた ORHA の一員として四輪駆動車を自ら運転しながら，日本人で初めてバクダッド入りしたのが奥さんである。

イラク復興支援は米国主導のプロセスであり，日本が関与する以上，米国の動きをきめ細かくフォローする必要があった。米国側でもワシントンと現地の間で活発な動きがあったため，特に初期段階では奥さんと電話，メールで頻繁にやりとりを行っていた。米国ではその後，ORHA が連合暫定施政当局（CPA: Coalition Provisional Authority）に組織改編され，米国人トップも元軍人から文官に急遽交替するなど，米国政府にも試行錯誤しているような動きが見られたが，そうした状況も現場の奥さんとのやり取りとワシントンでの動きを突き合わせるとよく理解できた。この時期の対イラク政策をめぐる米政府内の混迷ぶりは，後に出版された米ジャーナリストのボブ・ウッドワードの著書“State of Denial: Bush at War Part Ⅲ”（邦訳題名は「ブッシュのホワイトハウス」）や他の米政府高官の回顧録にも描かれている。

とはいえ，ワシントンとバクダッドと離れてはいるものの，歴史的とも言えるイラク復興支援に奥さんとともに関わるのは大変刺激的であった。時差を間違えた奥さんからたびたびワシントンの真夜中に電話で叩き起こされ，いろいろ頼み事をされるのもある種の心地良さがあった。

イラク復興をめぐる当初の楽観的な雰囲気は，2003 年 8 月のバクダッドの国連本部爆破テロによりセルジオ・デ・メロ国連特別代表はじめ多くの犠牲者を出したのを機に大きく変わる。現地の治安状況もだんだん厳しくなっていった。それでも奥さんは現場を歩き続け，日本で成立したイラク特措法に基づく自衛隊派遣の受け入れ準備や，治安対策としての電力事情改善のための発電機供与，ODA を通じた人道復興案件の実施を精力的に行っていた。その活動ぶりは，奥さん自身が綴った「イラク便り」にいきいきと描かれている。

そうした活動はしかし，ある日，突然に絶たれた。バクダッドから北部の町に向かった奥さんは同僚の井ノ上正盛さん，イラク人運転手と共に車で移動中に何者かに銃撃され，帰らぬ人となった。大使館の同僚から悲報を知らされ，程なく日本メディアのネットで奥さんの写真が掲載されたニュースが流れ始める。身近な先輩だった奥さんが急に遠い存在になってしまったと感じた 2003 年 11 月 29 日の夜を今でも忘れることはできない。米国のサンクスギビング休暇にあたったこの時期，故国から遠く離れたバクダッドで米国人の同僚とともに過ごしたことを記した 11 月 27 日付の便りを最後に，奥さんの「イラク便り」は絶筆となった。

＊　　＊　　＊

初めて高橋妙子さんに会ったのは筆者が外務省に入った 1989 年，カンボジア和平が大きく動き始めた年である。高橋さんは南東アジア第一課の課長補佐でカンボジアを担当していた。筆者は国連政策課に配属となった新人である。前述のとおり，和平後のカンボジアの統治の仕組みのあり方を巡って，カンボジア内の各派勢力の合意に基づくものにするか，国連主導のものにするかで議論があり，直接の担当課である両課の間でも激論がなされていた。筆者はときおり，南東アジア第一課に書類を届けに行く役回りだったが，ひっつめ髪に眼鏡姿の高橋さんに近寄るのは少しおっかなく感じていた。

高橋さんとの接点が再び出来たのは数年後の1995年，今度は筆者が南東アジア第一課の課長補佐となったときである。高橋さんは南東アジア第一課が管轄する国の一つであるミャンマーの日本大使館の経済部長として日本の対ミャンマー支援を現地で指揮しており，頻繁に連絡を取り合う関係となった。筆者がミャンマーに出張した際には，日本の援助プロジェクトの視察やミャンマー政府関係者や有識者との会合をアレンジしてくれた。以前おっかないと思っていた高橋さんは大変気さくで明るい方だと初めて分かった。当時ミャンマーは軍事政権下で国際的孤立を深めていたが，アウン・サン・スー・チー女史の自宅軟禁を一時解除するなど前向きな動きも見られていた頃である。大きな潜在力をもつ親日国であり，中国とインドの間の戦略的要衝に位置するミャンマーを如何に国際社会に引き込んでいくか。現地での懇親の機会に，日本の対ミャンマー外交について高橋さんは熱く語ってくれた。

そして高橋さんの足跡に改めて触れたのは，筆者がフィリピンに赴任した2017年夏である。高橋さんは既にこの世になかったが，筆者の数代前の日本大使館政務公使として，ミンダナオ和平に情熱をもって取り組んでいたことを多くのフィリピンと日本の関係者から耳にした。高橋さんが公使を務めていた2004年から2007年の３年間は，日本が国際監視団（IMT）に要員を派遣し，日本バンサモロ復興開発イニシアティブ（J-BIRD）を打ち出すなど，ミンダナオ和平に対する日本の対応が大きく動いたときである。2006年に現地を訪れた緒方貞子JICA理事長の関心をミンダナオ和平に引きつけたのも高橋さんの尽力が大きかったと聞く。

＊　＊　＊

現在のカンボジア，ミンダナオ情勢，そして世界各地で依然として続く様々な紛争を奥さん，高橋さんならどのように見ているであろうか。平和構築の分野で日本は今後どう取り組んでいくべきか，意見を聞いてみたい気がする。

第5章
日本と東南アジア
──「独立自尊」のパートナーとして──

2019年日 ASEAN 首脳会議（出典：内閣広報室）

本章では，これまで各章で扱ったいくつかの論点を踏まえながら，日本と東南アジアとの関係について若干の考察を試みることとしたい。

（東南アジアとの外交：ASEAN重視か，二国間アプローチ重視か）

東南アジアとの外交において，ASEANとの関係に軸足をおくべきか，それとも各国との個別の関係を重視すべきか。しばしば自問する点である。そうした問いは，特に安全保障に関する問題におけるASEANの対応について隔靴掻痒ないし失望を感じる文脈においてなされることが多い。

しかしながら，ASEAN重視か二国間アプローチ重視かは二者択一たり得ない。状況に応じていずれのチャネルの活用も探求するより他ない。

ASEANはEUではない。EUは主権の一部を移譲して，多くの分野で共通の政策を実現し，一部の国々の中では共通通貨ユーロをつくり，外交安全保障の分野ですら政策の共通化を目指している。ASEANはそうではなく，全会一致，内政不干渉が原則である。加盟国の規模にしても，EUはG7メンバーである独仏伊（脱退前は英も）などの大国を抱えるが，ASEANはG20メンバーであるインドネシアを除けば，周りを域外大国に囲まれた中小国の集まりである。「ASEANの中心性，ASEANの一体性」（ASEAN centrality, ASEAN unity）という標語は，現実世界において標語の意味する状況を実現，保持することの困難さがあるが故に，政治的理念としての重要性を持つと理解できる。

ASEANが「主導」する枠組みであるASEAN地域フォーラム（ARF）や，東アジア首脳会議（EAS），ASEAN＋3（日中韓）も，自ずと限界がある。ARFは発足した1990年代は，冷戦直後のユーフォリアもあって，アジアの安全保障の地域協力枠組みとして過大ともいえる期待が寄せられたが，信頼醸成以上の役割を期待するのは困難である。EASやASEAN+3では，如何なるアジェンダをどの枠組みでやるかについて，米国，中国，あるいは日本といった域外国の意向に大きく左右されるのが実態であるのは南シナ海問題をめぐる議論からも明らかである。地域機構としてのASEANの限界を踏まえれば，特に安全保障関連の問題については，個別の関心国を対象に二国間，あるいは日米豪など有志国で連携して協力を深めるアプローチが現実的である。

かといって，こうした個別アプローチのみでは完結し得ない。特に国際的なアジェンダ・セッティングの局面ではそうである。マニラ在勤時，安全保障問題を議論する際にフィリピンの政府関係者が「我々は“friends to all, enemies to none”（皆にとっての友人であり，誰の敵でもない）である」と言うのをよく耳にした。フィリピンに限らず，東南アジアの国全般に見られる姿勢である。また，国際社会の場で公に発信する場合，東南アジアの国々は個々で発信するよりもASEANとして発信することを好む。自国の声ではなく，ASEANの声とすることで責任とリスクを分散・共有できるからである。論議をよぶアジェンダこそそうした傾向が強く，彼らにすれば合理的な身の処し方である。自由で開かれたインド太平洋構想に対してASEANが自らの基本的考えを「インド太平洋アウトルック」という形でまとめたのは，その一例であろう。

ASEANのプロセスを経たメッセージは当たり障りのないものが多い。それでも行間に微妙なニュアンスがにじみ出てくる。二国間できめ細かくアプローチしながら，ASEANのプロセスにも流し込んで国際社会に発信すべきメッセージを作るのを後押しする，重層的アプローチが重要である。

（域外国との関係）

東南アジアにとって，米国と中国の動向が決定的に重要であることは，昔も今も変わらない。米国が地域の安定に対するコミットメントを維持し，中国が抑制した対応をとっていることが東南アジア諸国にとって好ましい状況であろう。もっとも，そのような都合の良い状況は持続困難かも知れず，東南アジアとしても米中の間で困難な選択を迫られる事態に今後直面するかも知れない。もちろん，これは日本にとっても同様である。

日本が東南アジアとの外交を組み立てる上でも，米中両国との関係は重要な要素である。日本が米国，中国とどのような関係を築いているかが，東南アジアに対する日本の外交力にも影響する。東南アジア諸国が日本に期待する役割は，日本が国際公共財とも言える日米同盟を堅持しつつ，かつ中国とも安定的な関係を築いていることであろう。

豪州，インド，欧州，ロシア，韓国は，東南アジアにおいて米中に次ぐ存在感を有しており，分野によっては様々な連携の可能性があると思われる。総じて言えば，東南アジアにおける日本のプレゼンスはこれらの国々・地域よりも依然として大きく，東南アジアに関する連携に限っていえば日本の持ち出しになる面がある。しかしながら，これらの国々・地域自体が日本外交にとって重要なパートナーであり，また（豪州と太平洋島嶼国，欧州と中東諸国，インドと他の南アジア諸国など）世界の他の地域との関係において日本にはない強みを持っていることに鑑みれば，世界全体を俯瞰したギブ・アンド・テイクの関係の中でこれらの国々・地域と東南アジアについて連携を進めることは意義がある。また，そうした連携により日本がこれらの国々・地域のリソースを東南アジアに向けさせることは，日本と東南アジアの関係にとってもプラスとなる。第4章で触れたミンダナオ和平における MILF 兵士の退役・武装解除プロセスにおけるノルウェーのように，規模は限られているがキラリと光る貢献をする国との連携は日本外交の幅を広げる上でも役に立つ。

忘れてはならないのは中東諸国の役割である。インドネシア，マレーシア，ブルネイ，フィリピンのミンダナオなど，東南アジアにおけるイスラム地域と中東諸国との間には長きにわたる関係がある。東南アジアから中東への出稼ぎ労働者も多い。ミンダナオ和平におけるトリポリ協定の締結など，かつてリビアが一定の役割を果たした時代もあった。また，イスラム過激主義への対応においても中東諸国の東南アジアへの影響力には注意する必要がある。

（経済パートナーとしての東南アジア）

東南アジアは，その大きな潜在力故，引き続き日本にとって重要な経済パートナーであり続けるであろう。2020年には，従来の日ASEAN包括的経済連携協定に投資・サービス分野の自由化を追加する議定書が締結された。東アジア地域包括的連携（RCEP）の交渉も大詰めとなっている。経済協力の分野はより幅広いものになると思われる。

経済インフラ整備は引き続き主要な協力の柱である。日本が貢献できる分野も多い。特に都市化に伴う関連インフラ（公共交通，廃棄物処理，上下水道等）への需要は引き続き旺盛であろう。

注意すべきなのが，エネルギー関連インフラである。経済成長に伴う電力需要の増大に応えるため，どのようなエネルギー・ミックスを確保するかは，他のアジア地域やアフリカと同様，多くの東南アジア諸国が直面する困難な課題と思われる。かつてフィリピンのマルコス政権は，1970年代にバターン半島に原子力発電所を建設し，今でもその施設が残っているが，政治経済上の混乱から稼働に至らなかった。現在，同施設の活用も選択肢の一つとした原子力発電の可能性についての検討が緒についたばかりである。近年ではベトナムが日本とロシアからの原発を導入する計画だったが，資金不足と福島第一原子力発電所事故後の原子力安全への懸念などから計画中止を決めた。一方で石炭火力発電については温暖化や環境への影響への懸念から年々風当たりが強くなっている。天然ガスや再生可能エネルギーにもそれぞれ課題がある。需要のボリュームを考えれば，原子力発電や石炭火力発電をエネルギー・ミックスの選択肢から完全に排除することは困難であろうが，エネルギー・ミックスで困難な選択をするのに不可欠な国民的議論がまだ十分でないように思われる。

日本と東南アジアがともに自然災害頻発地域であること，また感染症・非感染症を問わず，保健分野で共通の課題を抱えていることから，防災や保健は引き続き協力を進めるべき分野である。防災分野では，日本も東南アジアも災害対処における自衛隊・軍の果たす役割が大きいことに鑑みれば，将来の災害発生時の自衛隊・軍による緊急援助のスムースな受入に関する法的枠組みは検討に値する課題である。この点については，例えば，2015 年の日フィリピン首脳会談における共同宣言付属文書の行動計画においても「両政府は，2013 年の台風ヨランダの際の人道支援・災害救援活動における日本国自衛隊の貢献を想起し，フィリピンにおける災害救援活動時の自衛隊の法的地位を定めるためのあり得べき方途について検討する」旨言及されているところである。

看護師・介護士の受け入れを始めた 2000 年代半ばに比べて，高齢化の進展など日本の雇用市場を巡る状況は更に変わっており，日本と東南アジアの間の人の移動は規模，分野とも一層拡大するものと思われる。日本側の受入れと東南アジア側の送出しの双方の体制整備（日本の地方自治体の行政サービス向上，来日前の日本語・日本文化修得機会の拡大など）を進める必要がある。

人の移動における日本・東南アジア双方にとってのメリットは，ともすると雇用，賃金といった数値で計れる量的な面に目が向きがちである。しかしながら，人の移動に伴うメリットとして，もっと質的な面に目を向けるべきではないか。例えば，日本人のもつ規律やチームワーク，東南アジアの人々が持つ多文化社会でのコミュニケーション能力は，双方が交流し，刺激し合う中で，互いに吸収できる。特定技能を含む諸制度を通じた東南アジアからの人材の受け入れは，日本の社会や組織をより多文化社会に適合した形に変えていく可能性を持つものと積極的に捉えるべきである。

2020年初頭より世界中に拡がった新型コロナ・ウィルス感染症は，近年拡大傾向にあった日本と東南アジアの間の人の往来にも急ブレーキをかけた。国際的な人の往来再開に向けた段階的措置として2020年6月，日本政府はビジネス上必要な人材等の出入国を可能とする仕組みを試行することとし，一部の国・地域と協議調整の上，順次実施してきている。このプロセスにおいては東南アジア諸国が先行グループとなっており，8月の茂木外務大臣の東南アジア訪問を経て，10月上旬までに東南アジア8ヵ国（タイ，ベトナム，マレーシア，カンボジア，ラオス，ミャンマー，シンガポール，ブルネイ）との間でレジデンス・トラック（入国後14日間の自宅待機を維持しつつ，双方向の往来を再開するスキーム）を，またシンガポールとの間でビジネス・トラック（入国後14日間の自宅等待機期間中も行動範囲を限定した形でのビジネス活動を可能とするスキーム）を開始したところである（東南アジア以外では台湾との間でレジデンス・トラックを開始済み）。

新型コロナ・ウィルス対策と経済活動の両立は世界的な課題であるが，日本と東南アジア各国との間の取り組みは一つのモデルになり得るものである。

（安全保障パートナーとしての東南アジア諸国）

東南アジアは日本にとって信頼するに足る安全保障パートナーたり得るか？

これもよく自問する点である。

南シナ海問題における米中の対立について，フィリピン政府関係者が「米中は争いをやめるべきだ」と中立的でまるで他人事のようなコメントをする時がある。中国はフィリピンが領有権を主張している海域で軍事化を止めず，自由航行作戦を行っている米国はフィリピンの同盟国であるにも関わらず，である。フィリピンに限らず，南シナ海問題に関するASEAN関連会議での東南アジア各国の煮えきらない姿勢を見ると，心もとなく感じないわけではない。

しかしながら，彼らは近代において，植民地主義との戦いや第二次世界大戦，独立戦争，内戦など過酷な歴史を乗り越えてきた。ベトナムは独立戦争やベトナム戦争，中越紛争などフランス，アメリカ，中国を向こうに回した戦いを勝ち抜いた。フィリピンはスペインとの独立戦争とそれに続くアメリカとの戦争，第二次世界大戦での対日ゲリラ戦で比類なき勇猛さを見せた。インドネシアは第二次世界大戦後，戦争と外交で独立を勝ち取った。タイは帝国主義全盛の時代に独立を死守した。東南アジア各国の根っこにある強靭性を過小評価すべきでない。

また，シンガポールを筆頭に，東南アジア各国はおしなべて世界の安全保障上の問題についてのアンテナが高く，「炭鉱のカナリア」のような鋭敏な感度を持つ。中小国として自らの脆弱性の自覚に加え，太平洋・インド洋に面した要衝に位置するが故に，北東アジアに位置する日本よりも，インド，中東，アフリカ，太平洋島嶼国など多方面への目配りが利いている面がある。

このような強靭性と感度，地域における安全保障上の利害を共有する東南アジアと協力関係を築くことは，日本にとってもメリットがある。

もっとも，日本と東南アジアは互いに防衛義務を負う関係にはなく，安全保障面の協力関係に限界はある。互いに過大評価も過小評価もせず，地域の安全保障やテロ情勢についての情報交換や，能力構築支援，防衛装備・技術移転，共同訓練と言った分野で具体的な協力を積み上げていくべきであろう。

また，この地域における米国の軍事プレゼンスを如何に維持するかについて，日本と東南アジアはこれまで以上に協力していく必要があるのではないか。フィリピン，タイのように米国と同盟関係にある国々はもとより，米国との安全保障協力関係をもつシンガポール，インドネシア，ベトナムを含む他の東南アジアの多くの国々が日本と問題意識を共有するであろう。第１章で紹介した橋本総理演説では，「（米国のプレゼンスを確保する枢要な枠組みである）日米安保体制はこの地域の安定及び平和的繁栄の維持のための一種の公共財の役割を果たすもの」と述べたが，それは現在の安全保障環境にも当てはまる。日米同盟の維持，強化にこれまで以上に取り組むことはもちろんであるが，東南アジア各国と米国との同盟，準同盟の関係にも関心を払い，その維持，強化を支援するべきである。米国のプレゼンスという公共財を安定的に維持していくためには，その公共財から裨益する国々がしっかりと協働していくことが重要である。

（南シナ海問題）

南シナ海の動向は，今後も目が離せない。第３章で詳述したフィリピン関連のスカーボロ礁及びスプラトリー（南沙）諸島を巡る問題で言えば，中国，フィリピン，米国の３国それぞれの外交・軍事両面の動きを注目する必要がある。

中国は，外交面では硬軟織り交ぜた対応を継続すると思われるが，注目点の一つは中国とASEANの間の南シナ海における行動規範（Code of Conduct）をめぐる交渉である。中国側は2018年から３年以内の妥結を目指すと公言しているが，この期間はドゥテルテ政権下のフィリピンがASEANの対中調整国を務める時期と重なる，対中宥和的で与し易いドゥテルテ政権のうちにまとめようとしているとの見方もある。日本を含む第三国が拘束されるわけではないが，資源開発や共同訓練で域外国を排除せず，真に地域の安定に資するものとなるよう，交渉の行方を注視する必要がある。また，ガス田開発を巡る比中二国間の協議についても，中国側は実利をテコに仲裁裁判でフィリピン側に認められた主権的権利を一部骨抜きにするような合意をフィリピン側に迫ってくる可能性があり，注意する必要がある。

中国の軍事面の動きでの注目点は，中国海警の船舶が2012年以来現場海域を支配しているスカーボロ礁において，施設建設など更なる現状変更の動きに出てくるか否かである。南シナ海で中国は，西のパラセル（西沙）諸島，南のスプラトリー（南沙）諸島のいくつかの拠点を既に軍事基地化しているが，北東の海域がいわば空白になっている。ドゥテルテ政権もスカーボロ礁の現状変更はレッドラインと述べている中，中国側がどういう動きに出てくるか注意する必要がある。

フィリピンの外交的対応では，ドゥテルテ政権及び後継政権が比中仲裁裁判の最終判断をどう扱うかが注目点である。現政権は対中関係改善のため同判断を当面脇において，任期中に中国側に提起すると言い続けてきたが，残り任期内に中国に提起するのか。また提起しても状況が変わらない場合（その可能性は高いが），更なる対応を取るのか。例えば，仲裁裁判の最終判断の実施のためベトナムとの海洋境界画定合意を目指すことはあり得るのか（中国は猛反発するであろうが）。2020 年 9 月の国連総会一般討論において，ドゥテルテ大統領はオンラインで行った演説の中で南シナ海問題に触れ，「2016 年の仲裁裁判判断は国際法の一部である」「同判断を弱めようとする試みを断固拒否する」「多くの国々が同判断を支持していることを歓迎する」と述べた。中国を名指ししなかったものの，仲裁裁判判断についてドゥテルテ大統領が国際的な場で明確に行った意思表示であり，今後の展開が注目される。

米国の外交的対応の最近の目立った動きとしては，比中仲裁裁判の最終判断から 4 周年を迎えた時期に合わせ，2020 年 7 月 13 日にポンペオ国務長官が出した南シナ海に関する声明が挙げられる。同声明において米国は，自らの立場を比中仲裁裁判判断に合致させるとして，フィリピンの主権的権利・管轄権下にあるミスチーフ礁及びセカンド・トーマス礁に関し中国は領有権または海洋に関する合法的な主張を行い得ないとするなど，具体的論点について踏み込んだ意見表明を行った。更に8月26日には，国務省が南シナ海の争いのある前哨地の軍事化に関与した中国人に対する査証制限を開始する旨発表したほか，商務省も南シナ海の争いのある前哨地での軍事化を支援した24の中国企業を制裁リストに追加する旨発表した。一連の米国の対応は，南シナ海でのこれまでの中国の行動に対して一定の法的評価を行い，それを根拠に具体的措置をとったものと言える。中国側の反応及びASEAN各国の対応を含め，今後の展開が注目される。

軍事面では，米国は，南シナ海での中国の行動を既成事実化させないよう，これまで「航行の自由」作戦を随時実施してきた。これに加え，本来，伝統的同盟国であるはずのフィリピンと米国は，比米同盟の信頼性強化のため更なる努力を払う必要があろう。

ドゥテルテ政権で対中宥和姿勢や比米同盟の見直し論が出てくる背景には，米国による防衛コミットメントに対するフィリピン側の信頼性の揺らぎがある。その原因の一つには，2012年にスカーボロ礁をめぐって比中がにらみ合った際，双方が現場から退くべきとのオバマ政権下の米国の勧めによりフィリピン側が退いたものの中国側が結局居座る結果となり，フィリピン側に「米国にハシゴを外された」との見方があることによる。フィリピン側がひき合いに出す「尖閣諸島に日米安保条約第５条が適用される」との対外表明と類似した防衛コミットメントについての宣言政策を米国が検討するかが一つの注目点である。

もっとも同盟の信頼性強化のためには，宣言政策に加えて双方の努力による具体的措置の着実な実施が重要である。この点，停滞しているとされる拡大防衛協力協定（EDCA）に基づく基地施設整備や物資の事前集積を着実に進める必要がある。特にフィリピン側は，米国に防衛コミットメントの明確化を求める以上，米軍プレゼンスの維持・強化のためホスト国として一層の努力が求められよう。また，フィリピン自らの防衛力も充実させる必要があろう。

海上に点在する自国拠点の施設の維持・補給を継続的に行うことは容易ではなく，脆弱性を抱える。これは中国も同様である。このためフィリピンの安保専門家の中には，中国による軍事化の動きへの対応として，南シナ海上の中国の基地を無力化し得るアセット（短中距離ミサイル）のフィリピン沿岸部への配備を求める声もある。

比米同盟の動向は，フィリピンと同じ第一列島線上に位置し，同様の安全保障環境に直面する日本にとって無縁ではない。比米双方との緊密な政策協議を通じて状況を把握し，その強化を支援するために積極的に関与していくべきである。

（平和構築）

長年の課題であったミンダナオ和平は，2022年のバンサモロ自治政府の発足に向けた移行期間中であり，暫定自治政府がガバナンスを確立し，MILF 兵士の退役・武装解除プロセスを着実に進め，「平和の配当」を円滑に実施できるか，今が正念場の段階である。特に，自治政府発足の前提となるバンサモロ議会選挙を円滑に実施できるかがカギである。現在の暫定自治政府メンバーは，MILF が多数を占める形でフィリピン大統領により任命されているが，そのような構成が今後の選挙で保証されているわけではない。MILF のみならず MNLF やキリスト教徒，他の少数民族など様々なグループが入り乱れる中で，自由で公正な選挙を実施し，いかなる結果であれ受け入れて平和裡に議会・自治政府を組織する政治プロセスが根付くか，国際社会としても動向を注視しながら支援する必要があろう。

ミンダナオ和平プロセスの当事者達が先行したアチェの事例を念頭に置いているように，ミンダナオ和平の成功は，ミャンマーのラカイン州の問題など東南アジアに残る他の紛争や，ひいては世界の他地域の紛争解決への有益な示唆になり得る。もちろん，平和構築の処方箋は個別のケース毎に異ならざるを得ないが，カンボジアや東ティモールも含め，過去に東南アジアが取り組んできた平和構築の経験の共有は，世界の平和に対する重要な貢献になり得るし，これらに関与してきた日本も役割が果たせるものと思われる。

現代の東南アジアでは，かつてに比べれば，戦争，内戦，民族紛争の数，規模とも激減しており，それはこの地域の平和と繁栄の裏返しでもある。もっとも，それは紛争の種がなくなったことを意味しない。南シナ海問題のような主権・領土をめぐる国家間の紛争以外でも，貧困・社会格差や少数民族の問題など，各国国内において紛争の種は依然として存在する。かつて東南アジアの多くの国で，紛争の種を増大させる受け皿となったのは，共産主義とイスラム過激主義であった。冷戦終結後の現在，共産主義には往年の訴求力はないが，宗教も絡んだ過激主義については引き続き注意が必要である。貧困が過激主義の温床になることを踏まえれば，過激主義対策は貧困対策が中心となろう。もっとも，「人はパンのみにて生きるにあらず」であり，アイデンティティの問題（例えば自らを「フィリピン国民」ないし「インドネシア国民」ととらえるか，イスラム教徒ととらえるか）も絡むので，経済対策のみでカバーしきれない側面にも留意する必要があるように思われる。

（日本と東南アジア：「独立自尊」のパートナーとして）

「福田ドクトリン」は，日本と東南アジアが「心と心の触れ合う相互信頼関係を築く」ことを謳った。そもそも，日本と東南アジアが触れ合う「心」とはどういった心情を指すのであろうか。

日本から東南アジアに対する心情について言えば，それは，戦前・戦中の歴史的経緯からくる「郷愁」や「贖罪」ではなく，ましてや戦後の経済格差からくる「憐憫」でもないであろう。そうした心情を個々人が状況に応じて抱くことを否定するものではないが，国家間の関係がそうした心情に規定されることが適切とは思われないし，それを東南アジア諸国が日本に求めているとも思えない。

筆者なりに行き着いた答えは，それは「独立自尊」の気構えではないかと考える。「独立自尊」は言うまでもなく，近代日本の代表的知性である福澤諭吉の言葉であるが，これほど東南アジアと日本が共感する言葉はないのではないか。東南アジアの近代史を紐解くと，この地域の指導者たちが域外のいかなる大国に対しても，自国の独立と尊厳を守ろうとした事例はいくつもある。

フィリピンのアギナルド将軍は，米西戦争を戦う米国の支援を受けて亡命先の香港から帰国し，スペインに対する独立戦争を開始，1898年6月12日には独立宣言を発布して初代大統領に就任する。しかし，フィリピン奪取の野心を持つ米国はこれを認めず，やがて凄惨な比米戦争で鎮圧され，米国統治が始まる。この間，国際世論に訴えるためアギナルドが書いた“True Version of the Philippine Revolution”は，自分を利用した米国の無法と自国の大義を堂々と述べた論考である。第二次世界大戦中，日本に協力したアギナルドを米国は疎んじたが，戦前からの合意に従ってフィリピンの独立を認め，1946年7月4日にフィリピンは独立する。戦後しばらくの間，フィリピンの独立記念日は米国と同じ7月4日とされたが，結局，フィリピン国民はアギナルドが独立宣言を出した6月12日に独立記念日を変更することを選び，1898年から数えた独立記念日を毎年祝っている。

ビルマ（現ミャンマー）のアウン・サン将軍は，イギリス植民地当局の指名手配を逃れて国外に脱出し，ネ・ウィンら仲間と共に日本軍・南機関の訓練・支援を受けてビルマ独立義勇軍を創設，太平洋戦争（大東亜戦争）勃発により日本軍とともにビルマに進軍する。形式的な「独立」しか与えず軍政を続ける日本軍と溝を深め，戦局の推移を注視しながらやがて連合軍と通じ，戦争末期に抗日戦争の火蓋を切る。これをテコに戦後の粘り強い交渉で英国から独立を勝ち取る一方で，英国による日本の南機関関係者のBC級戦犯訴追要求を断固拒絶した。アウン・サンの死後，政権の座にあったネ・ウィンは，南機関の関係者に最高勲章「アウン・サンの旗」を授与している。

このほか，インドネシアのスカルノ，ベトナムのホーチミンも，オランダ，フランス，米国を向こうに回しながら，和戦両様の構えで最終的に国の独立を勝ち取った指導者に数えられよう。また，シンガポールのリー・クワンユー，マレーシアのマハティールは国の独立の支えとなる経済発展の実現において一時代を築いた。国民統合という点は，スタイルは異なるが，タイのプミポン国王，カンボジアのシハヌーク国王はいずれも困難な時期に自国民の統合に心を砕いた君主であった。

もちろん，多様な民族，宗教を抱える東南アジアにおいて，「独立自尊」がどのレベルで如何に実現されるべきかについては一定の留保を要する。インドネシアやフィリピンの独立自尊と，東ティモールやアチェ，バンサモロ（ミンダナオ）の独立自尊とどう折り合いをつけるかという問題である。東ティモールは結局インドネシアからの独立の道を歩み，アチェ，バンサモロ（ミンダナオ）はそれぞれインドネシア，フィリピンの国家の枠内での自治拡大という道を選んだ。「独立自尊」を実践してきた上述の東南アジア各国の指導者達についても，その歴史的評価において一定の留保を付さざるを得ない面もあるであろう。

そのような複雑さや困難さを抱えつつも，「独立自尊」の気構えこそは，日本と東南アジアが相互に敬意を持ちながら，共通の原理原則と相互利益に基づく協力関係を築いていくための基盤であると考える。もちろん，双方において具体的政策に裏打ちされる必要があることは言うまでもない。

ポスト冷戦期も 30 年が経った。

筆者が欧州（ウィーン）に在勤した 2010 年代半ばは第一次世界大戦 100 周年にあたり，欧州では，国際秩序崩壊の歴史について，現在の国際社会の動きとからめて改めて関心が寄せられた。2020 年代は 100 周年としての 1920 年代を省みる時期になるかも知れない。

1920 年代は，国際連盟，パリ不戦条約に代表される第一次世界大戦後の新たな国際秩序が構築されたが，平和と繁栄の一定の果実を生みながらも徐々に蚕食され，1930 年代の破綻につながった時期である。アジアでは，廃棄された日英同盟に替わる地域の安全保障の枠組みとしていわゆる「ワシントン体制」が成立したが，各地で反植民地運動，ナショナリズムあるいは共産主義が力を増し，そうした動きに対する反動も見られた時期である。全体としては，あるべき国際秩序について主要国が共通理解を持つことが次第に困難となり，「法の支配」への信頼が揺らぎ，「力の支配」に移っていった時期といえる。

2020 年代にどのような国際秩序が現出するか見通すことは難

しい。ポスト冷戦期（Post-Cold War Period）は結局，次の冷戦までの戦間期（Inter-Cold War Period）になるのではないかとの懸念も聞かれる。それは日本を含む国際社会がいかなる国際秩序を望み，どのような能動的な取り組みを行うかにもかかってくる。「自由で開かれたインド太平洋」に向けた取り組みはその一つである。その中で，法の支配に基づく安定した国際秩序を望み，「独立自尊」の気構えを共有する日本と東南アジアは重要なパートナーになれると確信する。

あとがき

「東南アジアの外交について何か書いてみようかな。」

ふと思い立ったのは，マニラ勤務を終えて日本に帰ってからしばらくしてのことである。これまで東南アジアとはいろいろ縁もあったし，1995年に初めて東南アジアの地に足を踏み入れてから25周年という節目の年でもあるし，と軽い気持ちで始めたのだが，それからが難儀だった。

まず，記憶の忘却の問題である。「十年一昔」とはよく言ったもので，直近のマニラ勤務を含む2010年代の出来事は比較的よく覚えているものの，2000年代になるとやや曖昧になり，1990年代になると更に怪しくなってくる。もう一つは，知識の断片性の問題である。「はじめに」で述べたとおり，筆者の東南アジアとの縁は断続的に続いたのだが，逆に言えば，地域的にも時系列的にも欠落部分がかなりあるということである。

この2つの問題は当初から認識しており，関連文献や政府公開資料で知識を補いながら，自らの記憶とつなぎ合わせてストーリーを組み立てるという執筆作業に数ヶ月間，悪戦苦闘することとなった。内容面での凸凹が強く残った感はやはり否めない。特に，日本と東南アジアとの関係を語る上で本来欠かせない，貿易・投資関係や文化交流について十分触れることができなかったことにつき，自らの力不足を痛感している。

それでも，一連の作業は筆者にとって，物置で昔のアルバムや文集を見つけて，つい時間を忘れてページをめくるのにも似た，楽しいひとときでもあった。東南アジアというプリズムを通して，1990年代，2000年代，2010年代と各フェーズにおける自身の歩みも振り返ることが出来た得難い経験だったように思う。

「はじめに」で述べたとおり，本書の記述内容は筆者個人の責任に帰するものであり，日本政府・外務省とは無関係である。もっともそれは，本書で触れた今は亡き外務省の先輩である奥克彦さんや高橋妙子さんをはじめ，日本政府及び関係機関の同僚の方々に対して筆者が多くのものを負っていることを否定するものではない。また，政府の枠を超えて，特にフィリピン在勤中，様々な分野で活躍される在留邦人や日系人の方々から多くを学んだことも付記しておきたい。畢竟，「外交」は国と国の関係であると共に人と人との関係が基本にある。外交官の通常の任期をはるかに超えた長い期間，現地に根を下ろして信頼関係を築いておられる多くの方々によって日本の外交は支えられていると言って良い。これはフィリピンのみならず他地域でも同様であろう。個別に御名前をあげることはできないが，本書は，日本の東南アジア外交を支える数多くの方々から学び，協働してきた経験を踏まえたものであることを，感謝とともに述べておきたい。

本書の出版に際しては，信山社の稲葉文子さんにまたもお世話になった。「環境外交」，「原子力外交」に続く，三度目の御縁である。昨今の厳しい出版事情の中，にこやかな笑顔で筆者のお願いを快く受けて頂いた。厚く御礼申し上げる。

最後に，過去数年の間，東京，ウィーン，マニラ，東京と生活

あとがき

拠点が目まぐるしく変わる外交官生活に振り回され，また週末のひとときを本書執筆に費やす筆者を寛容と忍耐で受け入れてくれた妻・倫子と三人の子供達（桜子，麟太郎，マリア日子）に改めて感謝したい。また，郷里・岐阜より筆者を長年見守ってきてくれた母・定子にも感謝したい。

令和二年秋

加納雄大

参考資料・文献

○岩崎育夫「入門　東南アジア近現代史」（講談社現代新書　2017年）
○大岡昇平「レイテ戦記」（中公文庫　1974年）
○大海渡桂子「日本の東南アジア援助政策──日本型ODAの形成──」（慶應義塾大学出版会　2019年）
○大庭三枝「重層的地域としてのアジア──対立と共存の構図──」（有斐閣　2014年）
○奥克彦「イラク便り」（産経新聞社　2004年）
○落合直之「フィリピン・ミンダナオ平和と開発」（佐伯印刷　2019年）
○桂誠「中国が急進する中での日本の東南アジア外交──フィリピン，ラオスの現場から──」（かまくら春秋社　2013年）
○加納佳世子「画家として，平和を希う人として──加納辰夫（莞蕾）の平和思想」（メディアイランド　2015年）
○加納雄大「環境外交：気候変動交渉とグローバル・ガバナンス」（信山社　2013年）
○川中豪・川村晃一編著「教養の東南アジア現代史」（ミネルヴァ書房　2020年）
○倉沢愛子「南方特別留学生が見た戦時下の日本人」（草思社　1997年）
○河野雅治「和平工作──対カンボジア外交の証言──」（岩波書店　1999年）
○林英一「南方の志士と日本人──インドネシア独立の夢と昭和のナショナリズム──」（筑摩書房　2019年）
○深田祐介「炎熱商人」（文藝春秋　1982年）
○藤原聡，篠原啓一，西出勇志「アジア戦時留学生」（共同通信社　1996年）

○ボ・ミンガウン，田辺寿夫訳「アウンサン将軍と三十人の志士——ビルマ独立義勇軍と日本——」（中公新書　1990年）
○水本達也「インドネシア：多民族国家という宿命」（中公新書　2006年）
○山影進編「新しいASEAN——地域共同体とアジアの中心性を目指して」（アジア経済研究所　2011年）
○福田赳夫総理大臣政策演説（於マニラ　1977年8月18日）
○宮澤喜一総理大臣政策演説（於バンコク　1993年1月16日）
○橋本龍太郎総理大臣政策演説（於シンガポール　1997年1月14日）
○安倍晋三総理大臣政策演説（於シンガポール　2014年5月30日）
○「防衛装備品等の海外移転に関する基準」についての内閣官房長官談話（2011年12月27日）
○防衛装備移転三原則（2014年4月1日）

○ASEAN OUTLOOK ON THE INDO-PACIFIC（2019）
○US Department of Defense “Asia-Pacific Maritime Security Strategy”（2015）
○Press Statement by Michael R. POMPEO, US Secretary of State “U.S. Position on Maritime Claims in the South China Sea”（July 13, 2020）
○Press Statement by Michael R. POMPEO, US Secretary of State “U.S. Imposes Restrictions on Certain PRC State-owned Enterprises and Executives for Malign Activities in the South China Sea”（August 26, 2020）
○Press release of US Department of Commerce “Commerce Department Adds 24 Chinese Companies to the Entity List for Helping Build Military Islands in the South China Sea”（August 26, 2020）

○Statement of President Rodrigo Roa Duterte during the General Debate of the 75th Session of the United Nations General Assembly (September 22, 2020)
○Marites Danguilan Vitug "Rock Solid: How the Philippines Won Its Maritime Case against China" (Ateneo de Manila University Press, 2018)
○J. Eduardo Malaya, Maria Antonina Mendoza-Oblena "Forging Partnerships: Philippine Defense Cooperation under Constitutional and International Laws" (Foreign Service Institute and University of the Philippines Law Center, 2016)
○Emilio Aguinaldo "True Version of the Philippine Revolution" (1899)
○Robert MacNamara "In Retrospect: The Tragedy and Lessons of Vietnam" (1996)
○Pierre Boulle "Bridge on the River Kwai"
○Edward Lansdale "In the Midst of Wars: An American's Mission to Southeast Asia" (1972)

著者紹介

加納雄大（かのう　たけひろ）

1968年　岐阜県生まれ
1989年3月 東京大学法学部中退
1993年6月 ケンブリッジ大学経済学修士
1989年4月 外務省入省
国際連合局，大蔵省（出向），アジア局，大臣官房，北米局，経済協力局，在アメリカ合衆国日本国大使館，経済局，内閣総理大臣官邸（出向），国際協力局，総合外交政策局，在ウィーン国際機関日本政府代表部，在フィリピン日本国大使館において，東南アジア，日米関係，政府開発援助，環境・気候変動，安全保障，核不拡散・原子力平和利用等を担当。
東京大学客員教授（2012年10月～2014年3月）
青山学院大学非常勤講師（2013年4月～9月）
2020年7月より　大臣官房　総括審議官

著書
「環境外交：気候変動交渉とグローバル・ガバナンス」（2013年 信山社）
「原子力外交：IAEAの街ウィーンからの視点」（2017年 信山社）

〈現代選書30〉

東南アジア外交
――ポスト冷戦期の軌跡――

2020（令和2）年11月12日　第1版第1刷発行
3427-5-012-012-003

発行者　今井 貴・稲葉文子
発行所　株式会社 信　山　社
〒113-0033　東京都文京区本郷6-2-9-102
Tel 03-3818-1019　Fax 03-3818-0344
笠間来栖支店　〒309-1625 茨城県笠間市来栖2345-1
Tel 0296-71-0215　Fax 0296-72-5410
笠間才木支店　〒309-1600 茨城県笠間市才木515-3
Tel 0296-71-9081　Fax 0296-71-9082
出版契約 2020-3427-5-01011　Printed in Japan, 2020,

印刷・ワイズ書籍㈱　製本・渋谷文泉閣 p.244
ISBN978-4-7972-3427-5 C3332 ¥2800E 分類329-100-c004

「現代選書」刊行にあたって

物量に溢れる，豊かな時代を謳歌する私たちは，変革の時代にあって，自らの姿を客観的に捉えているだろうか。歴史上，私たちはどのような時代に生まれ，「現代」をいかに生きているのか，なぜ私たちは生きるのか。

「尽く書を信ずれば書なきに如かず」という言葉があります。有史以来の偉大な発明の一つであろうインターネットを主軸に，急激に進むグローバル化の渦中で，溢れる情報の中に単なる形骸以上の価値を見出すため，皮肉なことに，私たちにはこれまでになく高い個々人の思考力・判断力が必要とされているのではないでしょうか。と同時に，他者や集団それぞれに，多様な価値を認め，共に歩んでいく姿勢が求められているのではないでしょうか。

自然科学，人文科学，社会科学など，それぞれが多様な，それぞれの言説を持つ世界で，その総体をとらえようとすれば，情報の発する側，受け取る側に個人的，集団的な要素が媒介せざるを得ないのは自然なことでしょう。ただ，大切なことは，新しい問題に拙速に結論を出すのではなく，広い視野，高い視点と深い思考力や判断力を持って考えることではないでしょうか。

本「現代選書」は，日本のみならず，世界のよりよい将来を探り寄せ，次世代の繁栄を支えていくための礎石となりたいと思います。複雑で混沌とした時代に，確かな学問的設計図を描く一助として，分野や世代の固陋にとらわれない，共通の知識の土壌を提供することを目的としています。読者の皆様が，共通の土壌の上で，深い考察をなし，高い教養を育み，確固たる価値を見い出されることを真に願っています。

伝統と革新の両極が一つに止揚される瞬間，そして，それを追い求める営為。それこそが，「現代」に生きる人間性に由来する価値であり，本選書の意義でもあると考えています。

2008 年 12 月 5 日　　　　　　　　　信山社編集部